KB262560

핵심 한자로 재미있게 읽는

중국어 단어장

초판 1쇄 인쇄 2018년 4월 16일
초판 1쇄 발행 2018년 4월 23일

지은이 고현진
펴낸이 서덕일
펴낸곳 문예림

출판등록 1962.7.12 (제406-1962-1호)
주소 경기도 파주시 회동길 366 (10881)
전화 (02)499-1281~2　**팩스** (02)499-1283
전자우편 info@moonyelim.com
홈페이지 www.moonyelim.com

ISBN 978-89-7482-893-6(13720)
값 14,000원

핵심 한자로 재미있게 읽는

중국어 단어장

 문예림

　흔히 단어 학습에는 특별한 방법이 없다고 합니다. 그저 많이 읽고 연습하는 것만이 정답이라고 하지요. 백 번 맞는 말이지만, 단순히 암기에만 초점을 둔 학습은 오래가지 않아 학습자를 지치게 합니다.

　저는 석·박사 기간 동안 어떻게 하면 좀더 쉽고 재미있게 중국어 단어를 습득할 수 있을지 연구해 왔습니다. 그리고 수년 간 한국인을 대상으로 수업을 하면서 단순 암기보다 연상 기억을 통한 암기가 훨씬 효과가 좋다는 사실도 확인했습니다.

　이 책은 중국어 단어를 공부하는 데 새로운 방법을 제시한 책입니다. 크게 '중국 문화, 사람, 자연, 생활, 핵심 동사' 총 5장으로 구분하고, 비슷한 특징이 있는 단어를 하나의 주제로 모아 한편의 글을 읽듯이 단어를 이해할 수 있도록 구성했습니다. 그리고 매 주제마다 한자의 뿌리와 배경, 그와 관련한 중국인의 삶과 문화를 이해하는데 초점을 두었습니다. 그런 면에서

　이 책은 중국어 단어장이긴 하지만, 중국 문화와 사회를 이해하는 인문서이기도 합니다. 또한 이 책에는 한자 문화권에

있는 한국인 학습자들이 자주 틀리거나 헷갈려 하는 단어를 소개하고, 중국말과 우리말이 어떻게 다르고 비슷한지 설명한 부분도 많습니다.

책을 집필하는 과정에서 백여 편 이상의 문자학 서적과 논문을 참고 했으며, 내용의 질과 재미를 높이기 위해 단어 하나하나에 정성을 쏟았습니다. 이 책을 통해, '아하, 그런 거였어!'라며, 중국을 이해하고 공부하는 데 조금이라도 도움이 되신 분들이 있다면 제게는 더할 나위 없는 기쁨이고 보람이 될 것 같습니다.

책이 나오기 까지 감사할 분들이 많습니다. 이 책을 완성하는데 많은 도움을 주신 문예림 출판사 직원 분들께 감사 드리고, 중국어 회화와 예문 감수에 도움을 준 鄭悦, 王艺에게도 감사의 마음을 전합니다. 또한 부족한 딸을 위해 매일 눈물로 기도하신 부모님과, 늘 곁에서 큰 힘이 되어 준 남편에게 진심으로 감사합니다.

2018년, 남경대 杜夏图书馆에서
고현진

2 사람에게 배우다

5 핵심동사로 배우다

1

중국 문화를 배우다

01

벌레가 되어버린 사람들,

언젠가부터 인터넷 공간에서 '맘충', '노인충', '급식충'과 같은 '~충'신조어가 유행이다. 여기서 '충'은 굳이 사전적 의미를 빌리지 않더라도 혐오의 대상, 배척의 대상이라는 점을 쉽게 짐작할 수 있다. 중국도 일찍이 사람을 '벌레'에 비유한 예가 많지만 우리 사회에서 '충'신조어는 유독 폄하의 뜻이 강한 것 같다. 시대 흐름에 따라 새로운 말이 생겨나기도 하고 쓰지 않는 말이 없어지는 것은 자연스러운 현상이지만 다수가 소수에게, 강자가 약자에게 혐오감을 드러내는 표현은 분명 문제가 있다. 그런데도 우리 사회에서 '충'신조어는 여전히 진화하고 있으니, 이러다 이 땅에 '충'이 아닌 사람이 없겠다는, 그런 씁쓸한 생각마저 든다.

'虫'은 본래 벌레 충(蟲)을 간체화 한 글자다. 기본적으로 '곤충'이나 '벌레'를 지칭하지만 고대 중국에서는 동물이나 사람을 虫으로 부른 예가 많다. 예컨대, 호랑이처럼 덩치가 큰 동물은 '大虫'이라 불렀고, 몸이 긴 뱀은 '长虫'이라 했다. 또 날개가 달린 새는 '羽虫'이라 했으며, 사람은 털이 많은 야생동물과 다르게 살이 그대로 드러나 보인다 하여 '裸虫'이라고도 했다. 지금은 쓰지 않는 말들이지만 예전에는 虫이 지칭하는 대상이 지금보다 훨씬 다양하고 광범위했던 것을 알 수 있다.

昆虫 곤충
kūnchóng

◇ 昆虫可以分为益虫与害虫。
곤충은 익충과 해충으로 나눌 수 있다.

虫子 벌레
chóngzi

◇ 我咬了一口桃子，发现里面有个虫子。
복숭아를 한 입 베어먹었더니 안에 벌레가 있었어요.

시간이 흐르면서 虫은 동물이나 사람을 직접적으로 말하기 보다 점차적으로 어떤 두드러진 특징이 있는 사람을 비유적으로 표현하기 시작했다. 그러나 사람을 벌레로 부른다는 것은 당연히 부정적 느낌이 강하다. 대표적 예로 '寄生虫'이 그렇다. 우리가 스스로 노력하지 않고 다른 사람에게 빌붙어 사는 사람을 '기생충'이라 부르듯, 기생충이 부정적인 단어인 것은 중국과 일본에서도 공통적인 언어현상이다. 기생충은 혐오스럽고 징그럽게 생긴 데다 자기가 살기위해 다른 생물체에 붙어 양분을 빨아먹는 특징이 있기 때문이다.

寄生虫
jìshēngchóng
**기생충,
스스로 노력하지 않고 다른 사람에게 의지하는 사람**

◇ 你要自己养活自己，不能像寄生虫那样生活。
너는 스스로 힘으로 살아가야지, 기생충처럼 그렇게 살아서는 안 된다.

이 밖에 중국에서 비교적 오랜 역사를 가진 단어에는 '跟屁虫', '应声虫', '蛀虫'등이 있다. 먼저, '跟屁虫'은 늘 다른 사람의 뒤꽁무니를 졸졸 따라다니며 귀찮게 하는 사람을 가리킨다. 이때 '跟'은 다의어로 개사로 쓰면 '~와/과'란 뜻이고, 명사로 쓰면 '발뒤꿈치'란 뜻이다. 또 동사일 때는 '~를 따라다니다', '뒤따르다'란 뜻으로 상황에 따라 다양하게 해석한다. '跟屁虫'에서는 동사 뜻으로 쓰였으며 남의 '屁股'를 졸졸 따라다니는 벌레를 상상할 수 있다. '벌레'란 말 속에 귀찮고 성가심이라는 부정적 느낌이 담겼다.

⊘ 跟 [gēn] ~와/과, 발뒤꿈치, ~을 따라다니다, 뒤따르다　　⊘ 屁股 [pìgu] 엉덩이, 꽁무니

跟屁虫
gēnpìchóng
늘 남의 꽁무니를 따라다니는 사람

◇ 我走到哪儿，你就跟到哪儿，像个跟屁虫似的。
내가 어디를 가든 네가 날 따라오니 마치 껀피총(跟屁虫) 같다.

옛날, 중국의 전설 속에 '应声虫'이란 요괴가 있었다. 이 요괴는 사람 뱃속에 살면서 사람이 말을 하면 그때마다 배 안에서 작은 소리로 그 말을 따라 했다. 중국어로 '应声'은 '대꾸하다', '응답하다'는 뜻으로 사람들은 이 요괴를 '应声虫'이라 하였다. 이것이 유래되어 오늘날 남의 말에

무조건 '예스'를 외치는 사람, 줏대 없는 사람, 추종자를 '应声虫'이라 부르게 되었다.

⊘ 应声 [yìngshēng] 대답하다, 응답하다

应声虫
yìngshēngchóng — 추종자, 줏대 없는 사람

老板说的话他们都同意，公司里只有应声虫。
사장님이 하는 말에 모두 동의만 하다니, 회사에는 줏대 없는 사람들뿐이네요.

해충의 한 종류인 '좀'은 중국어로 '蛀虫'이라 한다. 좀은 작고 하찮아서 우리 눈에 크게 두드러지지 않지만 조금씩 옷이나 가구를 망가뜨리는 특징이 있다. 따라서 蛀虫은 조직이나 사회에서 남들 눈에 띄지 않게 조금씩 해를 끼치는 사람이나 물건을 비유하기도 한다.

蛀虫
zhùchóng — 좀, 눈에 띄지 않게 조금씩 해를 끼치는 사람이나 물건

你不能像个社会的蛀虫那样生活。
너는 사회의 해충처럼 그렇게 살면 안 된다.

요즘에는 한 가지 일에 너무 집착하여 벌레가 되는 경우도 있다. 예컨대, 게임과 인터넷에 빠져 몇 날 며칠 컴퓨터 앞에만 앉아있는 사람은 '网虫'이라 하고, 하루 종일 책만 읽는 사람은 '书虫'이라 한다. 书虫은 책만 읽어서 세상 물정에 어둡고 고지식한 사람이란 뜻으로 '书呆子'와 어감이 비슷하다.

⊘ 书呆子 [shūdāizi] 책만 알고 세상 물정 어두운 사람

书虫
shūchóng

他是个只会读书的书虫。

그는 책만 읽을 줄 아는 책벌레이다.

网虫
wǎngchóng

你快变成网虫了，别再玩电脑了!

너 곧 왕총(网虫)으로 변하겠다, 컴퓨터 좀 그만해라!

이처럼 虫은 어휘 확장력이 높아서 고대부터 지금까지 다양한 형태로 변형되었다. 그 가운데 부정적 뜻을 가진 특정 형용사와 虫이 만나 새로운 형태의 단어가 된 경우도 많다. 예컨대, '불쌍하고 가엽다'는 뜻의 형용사 '可怜'과 虫이 만나면 '불쌍한 사람'이란 뜻이 되고, '게으르다'는 형용사 '懒'과 虫이 만나면 '게으름뱅이'란 단어가 된다. 또 '糊涂'는 머리가 둔하고 멍청하다는 뜻으로 '바보'나 '어리석은 사람'은 '糊涂虫'이라 하고, 잠이 많아서 어딜 가나 항상 졸고 있는 사람은 '瞌睡虫'이라 부른다. 그러나 사람을 벌레로 비유한다는 것은 인간의 가치를 폄하하는 일로, 위 단어는 모두 어떤 대상을 조롱하거나 비하하는 어감이 담겨있다.

可怜虫
kěliánchóng

他是个胆小的，没勇气的可怜虫。

그는 소심하고 용기가 없는 불쌍한 인간이다.

懒虫
lǎnchóng

게으름뱅이

🏷 这个懒虫，怎么还没起来呢？
이 게으름뱅이야, 어째서 아직도 안 일어난 거야?

糊涂虫
hútuchóng

바보,
어리석은 놈

🏷 他把自己的手机弄丢了，真是个糊涂虫。
그는 바보같이 자기 핸드폰을 잃어버렸다.

瞌睡虫
kēshuìchóng

잘 조는 사람,
졸음벌레, 잠꾸러기

🏷 爸爸妈妈都出去了，家里只剩下两个瞌睡虫。
아빠 엄마가 모두 나가시고 집에는 두 잠꾸러기만 남았다.

🎧 1-02.mp3

A 你现在在读什么新闻？

B 听说最近在韩国很流行把特定的人比喻成'虫'。

A 嗯，我也在网上经常看到呢。

B 你看，什么什么'虫'太多了，弄得好像这个世上没有不像虫子的人。

A 你也早点睡觉吧，要不然你明天上课也会变成一个瞌睡虫。

A 지금 무슨 기사 읽고 있어?

B 요즘 한국에서 특정 사람을 '벌레'에 비유하는 말이 유행이래.

A 응, 나도 인터넷에서 자주 봤어.

B 봐, 무슨무슨 충(虫)이 너무 많아서 이 세상에 벌레가 아닌 사람이 없겠어.

A 너도 일찍 자라. 안 그럼 내일 수업시간에 '졸음벌레(瞌睡虫)'가 될 거야.

사면이 둘러싸인 성, 결혼

> 婚姻是一座围城，城外的人想进去，城里的人想出来。
> 결혼은 사면이 둘러싸인 성과 같다. 성 밖의 사람들은 들어가고 싶어하지만
> 성 안의 사람들은 나오고 싶어한다.
>
> – 钱钟书,《围城》

중국 작가 첸종수(钱钟书)는 《围城》에서 결혼은 사면이 둘러싸인 성과 같다고 말했다. 성 밖에 있는 사람들은 기를 쓰고 안으로 들어가려고 하지만 성 안에 있는 사람은 필사적으로 밖으로 나오려 한다는 것이다. 그래서 흔히 결혼은 해도 후회, 안 해도 후회란 말을 한다. 하지만 그럼에도 많은 사람들이 여전히 결혼이란 울타리 안에 들어가길 소망하는 것 같다. 돈독하게 맺어진 부부의 정, 가족의 사랑은 무엇과도 바꿀 수 없는 인생의 큰 행복이기 때문이다.

남녀가 정식으로 부부관계를 맺음을 '结婚'이라 하는데, 이때 '婚'은 어두울 '昏'에서 유래한다. 고대 중국사람들은 전통적인 음양사상에 따라 태양은 양의 기운이고, 달은 음의 기운이라 생각하여 해와 달이 교차하는 때 결혼하는 것을 음양의 조화라 여겼기 때문이다. 따라서 해가 지면 신랑이 신부의 집에 가서 예를 행하고 신부를 데려왔던 고대의식에 따라, 결혼이란 말에 '昏'을 넣게 되었다. 그리고 이후, '저녁'을 가리키던 昏과 결혼이란 말을 구분하기 위해, 신부를 뜻하는 '女'를 추가하면서 지금의 '婚'을 쓰게 된 것이다.

结婚 **결혼하다**
jiéhūn

◇ 我结婚7年了，有两个儿子。
나는 결혼한 지 7년이 되었고 아들 둘이 있다.

婚礼 **결혼식**
hūnlǐ

◇ 我一定要参加你的婚礼。
네 결혼식에 꼭 참석할게.

옛날에는 부모가 미리 결혼상대를 골라주면 결혼식 당일 배우자의 얼굴을 확인하고 식을 올리는 경우가 많았다. 결혼이 사랑의 결합이라기보다 집안과 집안의 만남이었던 것이다. 하지만 요즘은 대부분 연애를 통해 결혼하고, 경우에 따라 결혼상담소나 방송을 통해 적극적으로 배우자를 찾기도 한다. 특히 최근에는 젊은 미혼(未婚) 남녀가 공개적으로 짝을 찾는 맞선 프로그램이 인기다. 그중 '진심이 아니면 귀찮게 하지 마세요'란 뜻의 '非诚勿扰'는 오랫동안 중국에서 높은 시청률을 자랑하는 대표적인 '征婚' 방송이다.

未婚
wèihūn

미혼이다, 아직 결혼하지 않다

这本书是以未婚女性为对象的杂志。
이 책은 미혼 여성을 대상으로 한 잡지이다.

已婚
yǐhūn

기혼이다, 이미 결혼하다

她看起来像个小孩子，但她其实是个已婚妇女。
그녀는 어린애처럼 보이지만, 사실 이미 결혼한 여성이다.

征婚
zhēnghūn

공개 구혼하다

为了找结婚对象，他在网上发布了征婚广告。
배우자를 찾기 위해 그는 인터넷에 공개 구혼 광고를 올렸다.

결혼 전에는 이 사람이 나와 맞는 사람인지 아닌지 신중하게 살피다가 '바로 이 사람이다' 싶을 때 '求婚' 또는 '订婚'을 한다. 그런데 막상 결혼을 하면 꿈꾸던 생활이 아닌 것에 깊이 실망하기도 한다. 연애 할 때는 좋게만 보이던 매력이 결혼 후 단점으로 변하기도 하고, 시간이 흐를수록 처음 같지 않은 상대의 모습에 불만이 생길 때도 있다. 그러나 결혼은 원래 서로의 단점을 포용하고 부족함을 채워주는 과정이라 한다. 상대에 대한 끊임없는 헌신과 배려 없이는 유지할 수 없는 것이 부부의 사랑이고, 가정의 행복인 것 같다.

求婚
qiúhūn

구혼하다, 프러포즈하다

他鼓起勇气向女朋友求婚了。

그는 용기를 내어 여자친구에게 프러포즈했다.

订婚
dìnghūn

약혼하다

他们决定先订婚，再结婚。

그들은 먼저 약혼을 하고 나서 결혼하기로 결정했다.

离婚
líhūn

이혼하다

她突然向丈夫提出了离婚。

그녀는 갑자기 남편에게 이혼을 제안했다.

再婚
zàihūn

재혼하다

母亲去世后，爸爸一直到现在没有再婚。

어머니께서 돌아가신 후, 아버지는 지금까지 재혼하지 않으셨다.

서양의 풍속에서 유래한 말도 있다. 결혼 50주년을 축하하는 'golden wedding(금혼)'과 25주년을 축하하는 'silver wedding(은혼)'이 그렇다. 나라마다 결혼기념일을 부르는 말이 많지만 금혼과 은혼은 서양뿐 아니라 우리나라와 중국에서도 널리 쓰는 말이다. 부부가 몇십 년을 서로 신뢰하고 사랑하며 살았음은 분명 많은 이에게 축복받을 일이다.

金婚
jīnhūn **결혼 50주년, 금혼**

我们全家人庆贺父母的金婚纪念日。

우리 가족은 부모님의 금혼 기념일을 축하해 드렸다.

银婚
yínhūn **결혼 25주년, 은혼**

亲爱的，我们的银婚纪念日快到了。

여보, 곧 우리 은혼 기념일이에요.

결혼에 대한 가치관은 시대에 따라 변하기 마련이다. 다음 '恐婚', '闪婚', '裸婚', '拼婚'은 현재 중국의 결혼 문화와 가치관을 읽을 수 있는 대표적인 신조어들이다.

우리도 마찬가지지만 최근 중국에서 취업난, 저임금, 집값 상승 등의 문제가 심각해지자 결혼하지 않고 싱글로 살겠다는 사람이 늘고 있다. 중국에서는 이 같은 현상을 '恐婚'이라 한다. 자기 몸 하나 제대로 책임지기 어려운 시대에 굳이 팍팍한 현실과 타협하기 보다 차라리 혼자서 자유롭게 살겠다는 것이다. 즉, 恐婚은 '결혼을 두려워하다'는 뜻으로 경제적 이유 때문에 어쩔 수 없이 결혼을 포기하거나 피하고 있는 중국 젊은이들의 가치관을 반영하는 말이다.

恐婚
kǒnghūn **콩훈, 결혼을 두려워하는 현상**

随着社会压力加大，恐婚族越来越多。

사회 스트레스가 심해질수록, 콩훈족(恐婚族)이 점점 늘어나고 있다.

‘闪婚’은 카메라 플래시가 터지듯 초스피드로 이루어지는 결혼 방식이다. 보통 상대방의 학력, 경제력, 외모 등 조건만 보고 만난 지 몇 개월 만에 서둘러 치르는 결혼을 뜻한다. 한 통계에 따르면 ‘샨훈족(闪婚族)’의 이혼율이 50%가 넘는다니 쉽게 만나는 만큼 헤어질 가능성도 높은 것 같다. 아무리 결혼이 현실이라지만 사랑 없는 결혼은 남녀 모두에게 공허하고 슬픈 일이다.

闪婚
shǎnhūn　샨훈, 번개결혼

最近见面后没过多久就闪婚的人也不在少数。
요즘 만난 지 얼마 되지 않아 번개결혼하는 사람들이 적지 않다.

‘裸婚’이란 경제적으로 넉넉하지 않은 커플이 법률상 혼인 신고만으로 부부의 인연을 맺는 것을 말한다. ‘裸’는 ‘발가벗다, 드러내다’는 뜻으로, 집과 차는 물론 결혼식과 신혼여행도 생략한 소박한 결혼 방식이다. 어떻게 보면 허례허식의 결혼 문화에 반대하고 사랑을 최고의 가치로 여기는 낭만적인 부부란 생각도 들지만 사실상 경제적 이유 때문에 어쩔 수 없이 ‘뤄훈’을 선택하는 경우가 많다. 裸婚은 결혼 비용에 대한 부담이 커지면서 포기할 것이 많은 가난한 젊은이들의 슬픔이 담긴 신조어이다.

裸婚
luǒhūn　뤄훈,
법률상 혼인 신고만으로 부부의 연을 맺는 결혼 방식

当时我们选择裸婚，但现在过得很幸福。
그때 우리는 뤄훈(裸婚)을 선택했지만 지금 매우 행복하게 살고 있다.

　　결혼은 인생에서 가장 중요하고 기쁜 축제이지만 결혼식에 들어가는 비용은 누구에게나 큰 부담이 되기 마련이다. 그래서 최근 중국에서는 '拼婚'이란 개념이 등장했다. 拼婚이란 여러 커플이 한날 한시에 식을 올리는 '합동결혼식'이란 뜻과, '결혼식에 필요한 비용을 함께 나누어 계산한다'는 뜻이 있다. 여러 명의 신부가 웨딩드레스를 공동으로 빌리거나, 결혼식 연회에서 필요한 술과 음식을 함께 예약하는 것, 또 신혼집에 필요한 가구나 가전제품을 여러 커플이 할인된 가격으로 사는 것은 모두 '핀훈'의 일종이다. 체면보다는 실속과 개성을 중시하는 최근 젊은 사람들의 가치관을 엿볼 수 있다.

拼婚
pīnhūn

**핀훈, 합동결혼식,
여러 커플이 함께 결혼식 비용을 나누는 결혼 방식**

来自全国各地的50对新婚夫妻选择举行拼婚。
전국 각지에서 온 50쌍의 신혼부부들은 핀훈(拼婚)을 선택했다.

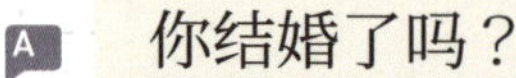

A 你结婚了吗？

B 我现在还未婚。

A 那你打算什么时候要结婚？

B 这个嘛，我还不太清楚。我现在更喜欢工作。

A 我知道在工作上你很能干，但不要错过好人。

A 당신 결혼 하셨어요?
B 아직 미혼이에요.
A 그럼 언제 결혼할 생각이에요?
B 글쎄요, 아직 잘 모르겠는데요. 전 지금 일이 더 좋아요.
A 당신이 일에 능력이 있는 건 알아요, 그렇지만 좋은 사람을 놓치지는 말아요.

술 귀신·담배 귀신·도박 귀신,

"这是什么鬼啊?(무슨 일이야?)"

친한 친구들 사이에서 가볍게 쓸 수 있는 한마디이다. 어떤 예기치 않은 상황이 발생해서 놀랐을 때, 영문을 알 수 없는 상황에 처해 당황했을 때, 썰렁한 농담으로 어이없는 분위기가 만들어 졌을 때 등 다양한 상황에서 던질 수 있는 말이다. 여기서 귀신은 흔히 떠올리는 오싹하고 무서운 존재가 아니다. 도대체 어찌된 영문인지 알고 싶어하는 호기심의 대상이다. "怎么回事?(어떻게 된 거야?)"와 비슷한 뜻이지만 좀더 익살스럽고 귀여운 느낌이 든다.

귀신이 사람 몸속에 들어오면 스스로 몸을 절제하지 못하고 그것이 시키는 대로만 움직인다고 한다. 그래서 중국사람들은 술이나, 담배, 도박 등에 빠져서 정상적으로 사물을 판단할 수 없는 사람을 '鬼'에 비유하곤 한다. 먼저 '酒鬼'는 귀신에게 혼이 빼앗길 정도로 술에 빠진 '알코올 중독자'를 가리킨다. 술은 적당히 마시면 약이지만, 지나치면 몸과 정신을 파괴하는 독이 된다. 중국에는 '酒过三巡'이란 말이 있으니 모인 사람들이 각자 세 번의 술을 마시고 나면 더 이상 술을 권하지 않는다는 뜻이다. 정도와 예의를 중시하는 중국의 술문화를 엿볼 수 있다.

⊘ 酒过三巡 [jiǔguòsānxún] 세 잔의 술을 마시고 나면 더 이상 술을 권하지 않는다

酒鬼
jiǔguǐ

술주정뱅이, 알코올 중독자

我可以控制酒量，绝不是酒鬼。
나는 스스로 주량을 절제할 수 있어, 결코 술주정뱅이가 아니야.

전 세계적으로 금연문화가 확산되고 있으나 중국은 아직까지 애연가의 천국이다. 중국사람 대부분이 흡연에 대해 관대한 편인데 아마도 담배가 사람과 사람을 이어주는 소통의 수단이라 생각해서 그런 듯 하다. 하지만 중국도 골초를 가리키는 말 '烟鬼'가 있다. 주변을 배려하지 않고 아무 데서나 줄담배 피우는 사람을 놀림조로 이르는 말이다.

烟鬼
yānguǐ

**골초,
아편중독자**

他是每天抽两盒烟的烟鬼。
그는 매일 담배 두 갑을 피우는 골초이다.

술과 담배 못지않게 한번 빠지면 쉽게 끊을 수 없는 것이 도박이다. 도박에 이기면 판돈과 횟수를 늘려 점점 더 큰 쾌감을 얻으려 하고 도박에 지면 잃은 돈을 찾기 위해 더욱 도박에 집착하기 때문이다. 이 과정은 모든 재산을 탕진한 후에야 비로소 끝이 난다. 따라서, 중국어로 도박꾼, 노름꾼 역시 귀신이란 단어를 써서 '赌鬼'라 부른다. 도박에 대해 스스로 조절하는 능력을 상실한 사람을 가리킨다.

赌鬼
dǔguǐ

도박꾼, 노름꾼

我结婚以后才知道他是个赌鬼。
나는 결혼하고 나서야 그 사람이 도박꾼이라는 걸 알았다.

'吸血鬼'는 '뱀파이어'의 한자식 표현이다. 전설에 따르면, 사람이 흡혈귀에게 피를 빨리면 생명을 잃거나 또 다른 흡혈귀가 된다고 한다. 또 흡혈귀는 인간의 범주를 초월하는 높은 신체적 능력이 있기 때문에 현대에 와서는 다른 사람의 노동력과 재산을 부당하게 착취하면서 자신의 힘을 키우는 악질 자본가, 특권층을 상징하기도 한다.

吸血鬼
xīxuèguǐ

뱀파이어(Vampire), 착취자

他像个吸血鬼一样榨取农民的血汗钱。
그는 마치 흡혈귀처럼 농민이 피땀흘려 번 돈을 착취하였다.

'讨厌'은 '미워하다, 싫어하다'는 뜻으로, '讨厌鬼'란 한마디로 '밉상'인 사람을 가리킨다. 잘난 척 하는 사람, 이기적인 사람, 잔소리만 늘어놓는 사람, 다른 사람을 괴롭히는 사람 등 밉상의 유형은 수십 가지도 넘는다. 모든 문제의 해결은 그것이 문제라는 것을 인식하는 데서 출발한다고 한다. 그렇다면 혹시 나도 주변에게 이런 저런 민폐 끼치는 讨厌鬼는 아닌지 생각해 볼 문제다.

讨厌鬼 tǎoyànguǐ **밉상, 재수 없는 사람**

我们公司有一个讨厌鬼, 真烦!
우리 회사에 밉상이 한 명 있어, 진짜 짜증나.

겁이 많고 소심한 사람은 '간이 작다'고 말하고, 용기 있고 대담한 사람은 '간이 크다'고 한다. 만약 그 용기가 지나쳐서 무모할 만큼의 만용을 부리게 되면 '간땡이가 부은 놈'이라 한다. 우리말에서 배짱과 용기를 담당하는 신체기관은 간이라는 것을 알 수 있다. 그렇다면 중국은 어떨까? 중국에서 용기와 배짱의 상징은 '쓸개'이다. 쓸개는 한자로 담(膽)이지만, 중국어는 간체자 '胆'으로 쓴다. 따라서 중국어로 용감한 기운은 '胆量'이라 하며, 겁이 없고 배짱이 있는 사람은 '胆大', 겁이 많고 소심한 사람은 '胆小'라 한다.

- 胆量 [dǎnliàng] 담력, 용기, 배짱
- 胆大 [dǎndà] 담이 크다, 겁이 없다
- 胆小 [dǎnxiǎo] 담이 작다, 겁이 많다

胆小鬼 dǎnxiǎoguǐ **겁쟁이**

他并不是什么都不敢做的胆小鬼。
그는 결코 아무것도 못하는 겁쟁이가 아니다

음식을 맛있게 잘 먹는 것은 복스러운 일이지만 사람이 먹을 것만 알고 욕심을 부리면 말이 달라진다. 남보다 더 많이 먹기 위해 안달하는 모습은 불쌍하다 못해 추해 보인다. 식욕을 절제하지 못하고 음식을 게걸스럽게 먹는 사람은 중국어로 '饿死鬼'라 한다. 우리말에서 지나치게 음식을 탐하는 사람을 걸신(乞神)이 들렸다고 말하는 것과 같다. 굶어 죽은 귀신이던 빌어먹는 귀신이던 음식에 지나치게 집착하는 모습은 어딜 가도 환영 받지 못할 일이다.

饿死鬼
 èsǐguǐ

지나치게 음식을 탐하는 사람

你慢点吃吧, 别吃得像个饿死鬼一样。
천천히 먹어, 걸신들린 것처럼 먹지 말고.

중국사람들은 식당에서 손님을 대접할 때 다 먹지도 못할 만큼의 산해진미를 주문하고도 먹을 것이 없다 말하고, 식사를 끝낸 이후에는 서로 계산하겠다고 실랑이를 벌인다. 체면을 중시하고 호방한 기질을 칭찬하는 중국사람들에게 인색한 사람은 기피대상 1호다. 그런데 간혹 제 돈 아까운 줄은 알면서 남의 돈은 쉽게 쓰는 얌체 같은 사람도 있다. 중국에서는 이들을 '吝啬鬼', '小气鬼', '铁公鸡', '守财奴' 라 한다.

铁公鸡 [tiěgōngjī] 구두쇠, 짠돌이　　守财奴 [shǒucáinú] 구두쇠, 짠돌이

吝啬鬼
lìnsèguǐ

구두쇠, 짠돌이

我以为他是个吝啬鬼，今天看却不是!
난 그 사람이 구두쇠인 줄 알았는데 오늘 보니 아니네.

小气鬼
xiǎoqìguǐ

구두쇠, 짠돌이

因为他是个小气鬼，没有人喜欢他。
그 사람은 짠돌이라 아무도 그를 좋아하는 사람이 없다.

이 밖에도 게으름뱅이는 '懒鬼', 빈털터리, 가난뱅이는 '穷鬼', 여색을 밝히는 호색가는 '色鬼'라 한다. 鬼가 다른 단어 뒤에 붙어서 특정한 사람을 가리킬 때는 虫과 마찬가지로 대부분 부정적인 뜻을 갖는다.

懒鬼
lǎnguǐ

게으름뱅이 = 懒虫

不要整天像个懒鬼一样，整理一下屋子吧。
하루종일 게으름뱅이처럼 있지 말고 방이라도 정리해라.

穷鬼
qióngguǐ

빈털터리, 가난뱅이

我买了一辆新车，所以最近完全是个穷鬼。
새 차를 한 대 뽑아서, 난 요즘 완전히 빈털터리야.

色鬼
sèguǐ

호색꾼

听说他是个色鬼，你也要小心啊!
그 사람 호색가라고 하네요, 당신도 조심하세요!

그렇다고 '鬼'가 모두 부정적인 뜻만 있는 것은 아니다. 긍정적 의미로 남다른 능력을 칭찬하거나 어떤 대상을 친밀하게 부를 때 쓰기도 한다.

예컨대, 주변 사람들에게 항상 밝은 에너지를 전달하는 분위기 메이커는 '开心鬼', 영리하고 재주가 많은 사람은 '机灵鬼', 장난꾸러기, 개구쟁이는 '调皮鬼'라 부른다. 모두 주변에서 사랑받는 밝고 긍정적인 인물을 가리키는 말이다.

开心鬼
kāixīnguǐ

**항상 밝은 사람,
분위기 메이커 = 开心果**

他是我们班的开心鬼, 所以他身边总有很多朋友。
그는 우리 반 분위기 메이커야, 그래서 그의 주변에 항상 친구들이 많아.

机灵鬼
jīlíngguǐ

영리하고 똑똑한 사람, 재간둥이

这孩子真是个机灵鬼。
이 아이는 정말 영리한 놈이다.

调皮鬼
tiáopíguǐ

장난꾸러기, 개구쟁이

你这调皮鬼，吓了我一跳。
이런 장난꾸러기 같으니라고, 깜짝 놀랬잖아.

🎧 1-06.mp3

A 今天你心情怎么这么不好？

B 唉，昨晚我老公又是凌晨2点多回来的。

A 你不是说他前天也喝了酒回来得很晚吗？

B 婚前我就知道他喜欢喝酒，但没想到已经到了这种程度，他简直就是个酒鬼!

A 너 오늘 왜 이렇게 기분이 안 좋아 보여?

B 에휴, 어제 남편이 또 새벽 2시 넘어서 들어왔어.

A 네 남편 그저께도 술 먹고 늦게 왔다고 하지 않았어?

B 결혼 전에 그 사람이 술을 좋아하는 건 알고 있었는데, 이 정도인지는 몰랐어.
  그 사람 정말이지 알코올 중독자 같아!

좋아하는 것보다 즐기는 것,

知之者不如好之者，　무엇을 아는 것은 좋아하는 것만 못하고,
好之者不如乐之者。　무엇을 좋아하는 것은 즐기는 것만 못하다.

—《논어》

'知之者'는 무엇을 제대로 '아는 사람'이다. 그렇다면 '好之者'와 '乐之者'는 무엇일까? 가령, 한 사람이 중국어를 배우기로 마음먹었다고 하자. 그는 분명 좋아하는 마음으로 공부를 시작했지만 단어가 늘고 어법이 복잡해지면서 점점 처음의 열정을 잃고 말았다. 그래서 계속 공부를 이어가지 못하고 중도에 포기했다면 그는 好之者에 그친 사람이다. 반면, 乐之者는 어떤 일을 하는데 그것을 즐길 줄 알고 목표를 향해 끝까지 나아가는 사람이다. 즉, 乐之者는 꿈을 이루는 과정에서 아무리 열악한 환경을 만난다 할지라도 처음의 의지를 꿋꿋이 지켜나가는 사람을 뜻한다.

‘迷’는 어떤 대상에 깊이 빠져서 마음을 빼앗기는 일이다. 따라서 ‘迷’는 음악이나 영화, 운동 등 특정 분야를 광적으로 좋아하는 사람, 또는 어떤 스타를 열광적으로 따르는 팬을 가리킨다. 예컨대, 특정 가수를 열광적으로 좋아하는 무리는 ‘歌迷’, 영화 보는 것을 즐기고 특정 배우를 따르는 팬은 ‘影迷’라 한다. 또 축구, 농구, 야구 등 구기종목의 운동을 좋아하거나 특정 운동 선수를 열광적으로 따르는 팬을 ‘球迷’라고 한다. 중국어에는 迷와 비슷한 말로 ‘粉丝’도 있다. 粉丝는 본래 ‘당면’이란 뜻인데 그 발음이 마치 영어의 ‘fans’와 비슷하여 가수나 배우를 따르는 ‘팬’을 가리키기도 한다.

⊘ 粉丝 [fěnsī] 당면, 팬

歌迷
gēmí

가요팬

◇ 那位歌手每次表演都会有很多歌迷来捧场。
그 가수는 공연 때마다 많은 팬들이 와서 응원해 준다.

影迷
yǐngmí

영화팬

◇ 如果你是汤唯的影迷，一定会喜欢这部电影。
네가 만약 탕웨이의 팬이라면 분명 이 영화를 좋아할 것이다.

球迷
qiúmí

축구팬, 야구팬,
구기 종목의 스포츠팬

◇ 世界杯是全世界球迷们的狂欢节。
월드컵은 전 세계 축구팬들의 축제이다.

　세계적으로 성공한 기업가나 예술가 중에는 어릴 적부터 책읽기를 좋아한 사람이 많다. 책을 많이 읽게 되면 좀더 새로운 시각으로 세상을 바라 볼 수 있고 막연했던 꿈도 구체적으로 그려볼 수 있기 때문이다. 이처럼 책이 항상 손에서 떠나지 않는 사람을 중국어로 '书迷'라고 부른다. 그런데 이때 '书迷'는 책만 읽어 세상 물정 모르고 고지식한 사람을 가리키는 '书虫' 또는 '书呆子'와는 다르다. 书迷는 우리말의 '독서광' 정도의 뜻으로 책을 많이 읽어 다양한 방면에서 상식이 풍부하고 지혜로운 사람을 뜻한다.

书迷 shūmí　독서광

他随时随地都在看书，真的是一个书迷啊。
그는 언제 어디서나 손에 책을 놓지 않으니, 정말 독서광이다.

　이 밖에도 장기나 바둑을 즐기는 사람은 '棋迷', 중국의 전통극인 경극이나 연극을 좋아하는 사람은 '戏迷'라 한다.

棋迷 qímí　바둑, 장기 마니아

他这场比赛也没有让广大的棋迷失望。
그는 이번 경기에도 수많은 바둑팬들을 실망시키지 않았다.

戏迷 xìmí　연극광, 경극 마니아

你这么喜欢看京剧，看来你一定是个戏迷吧。
이렇게 경극을 좋아하다니, 내가 보기에 넌 분명 경극 마니아이다.

하지만 어떤 일이든 정도가 지나쳐서 중독의 상태가 되면 몸과 마음이 피폐해질 수 있다. 예컨대, 종일 인터넷에 빠진 '网迷'와 인생역전을 꿈꾸며 주식에 매달려 있는 '股迷'가 그렇다. 또 차에 대해 과도한 애착을 가지고 있는 '车迷', 수단과 방법을 가리지 않고 돈을 지나치게 밝히는 '财迷' 역시 迷의 대상이다.

网迷 wǎngmí
인터넷 중독자 = 网虫

有些网迷在网上一泡就是几个小时。
어떤 인터넷 중독자들은 한번 인터넷을 하면 몇 시간이다.

股迷 gǔmí
주식광

他就是个股迷，整天一直看股票。
그는 종일 주식만 쳐다보고 있는 주식광이다.

车迷 chēmí
자동차 마니아

很多车迷参加这次电动汽车博览会。
많은 자동차 마니아들이 이번 전기 자동차 박람회에 참가했다.

财迷 cáimí
구두쇠, 수전노

那老头儿只知道钱，真是个财迷。
그 영감은 정말 돈만 아는 구두쇠이다.

한편, '迷'는 '무엇에 홀려 정신을 잃거나 판단력을 잃다'는 뜻도 있다. 즉, 아무 근거도 없이 맹목적으로 믿는 신앙은 '迷信'이고, 방향을 잃고 잘못된 길에 들어서는 것은 '迷路'라 한다. 또 무엇인가에 홀려 정신이 갈팡질팡 한 것은 '迷惑'라 하며, 미혹된 정도가 심해 마음을 깊이 빼앗긴 것은 '沉迷'라고도 한다.

迷信
míxìn

미신,
맹목적으로 숭배하다

因为我不迷信，所以从来不算命。
나는 미신을 믿지 않기 때문에, 한번도 점을 본 적이 없다.

迷路
mílù

길을 잃다, 잘못된 길에 들어서다

我在深山里迷路了。
나는 깊은 산에서 길을 잃었다.

迷惑
míhuò

미혹시키다, 현혹되다

我们不能被假象迷惑，一定要看清楚事情的本质。
우리는 허상에 미혹되면 안되고, 반드시 일의 본질을 명확히 보아야 한다.

沉迷
chénmí

깊이 빠지다, 탐닉하다

他沉迷于游戏，连妈妈来了也不知道。
그는 게임에 빠져서 엄마가 오신 줄도 몰랐다.

🎧 1-08.mp3

A 你怎么这么高兴？

B 韩国队赢了！

A 你到底在说什么呢？

B 不好意思，我高兴过头了。
刚刚韩国队和日本队进行了足球比赛，韩国队赢了。

A 哈哈，原来如此，我都忘了你是一个球迷了。

A 너 뭐가 그렇게 좋으니?
B 한국 팀이 이겼어!
A 대체 무슨 말을 하는 거야?
B 미안. 내가 너무 좋아서 정신이 없었네.
　방금 한국 팀과 일본 팀이 축구경기를 했는데 한국 팀이 이겼거든.
A 하하. 그랬구나. 너가 '치우미(球迷)'인걸 내가 깜박했네.

05

물에 빠진 개는 두들겨 패라,

중국의 대표적인 문학가 루쉰(魯迅)은 물에 빠진 개는 구하면 안 되고 몽둥이로 호되게 때려야 한다고 주장했다. 어찌 보면 너무 비인간적인 행동이 아닌가 생각할 수 있지만 루쉰의 말을 이해하기 위해서는 당시의 상황을 생각해야 한다. 1911년, 중국은 새로운 시대를 꿈꾸며 신해혁명(辛亥革命)을 일으켰지만, 여전히 한 점 희망을 찾기 힘든 암흑의 시대를 걷고 있었다. 한때 막강한 권세를 누렸던 세력이 끊임없이 개혁을 방해하고 있었기 때문이다. 루쉰은 이들을 물에 빠진 개, '落水狗'로 구분하고 중국이 앞으로 전진하기 위해서는 반드시 그 뿌리를 뽑아야 한다고 주장했다. 즉, '打落水狗!(물에 빠진 개는 두들겨 패라!)'란 중국의 쓰라린 경험에서 나온 날카로운 한마디였던 것이다.

개는 인간과 가장 가깝고 친근한 동물이지만 개와 관련된 어휘는 동서양을 막론하고 대부분 부정적이다. 예컨대, '走狗', '狗腿子'는 개인적인 야심을 위해 수단과 방법을 가리지 않는 부정적인 인물을 가리킨다. 즉, 走狗는 사냥할 때 가장 앞장서 달리는 개이고, '狗腿子'는 '개의 다리'란 뜻이다. 狗腿子는 주인을 위해 자기 다리를 바치고 자신은 개의 다리를 붙인다는 이야기에서 유래한 말로 권력자의 앞잡이, 매국노, 악인 등 매우 부정적인 사람을 가리킨다. 또 개는 무리를 잘 짓지 않고, 만나기만 하면 자기들끼리 싸우는 경우가 많아서 '개가 개를 문다'는 뜻의 '狗咬狗'는 같은 팀 안에서 화합하지 못하고 서로 배척하고 다투는 상황을 나타낸다.

走狗
zǒugǒu   주구, 앞잡이

国家灭亡了，他就变成了侵略者的走狗。
나라가 망하자 그는 침략자의 앞잡이가 되었다.

狗腿子
gǒutuǐzi   주구, 앞잡이

谁也不知道他曾经是日本的狗腿子。
그가 일찍이 일본의 앞잡이였던 사실은 아무도 모른다.

狗咬狗
gǒuyǎogǒu   개가 개를 문다, 같은 편끼리 알력이 생기다

这是狗咬狗的世界，你也必须小心点。
서로 물고 뜯는 세상이니 너도 반드시 조심해야 한다.

이 밖에도, 중국에서 개는 온갖 부정적인 뜻을 담고 있다. 예컨대, 발바리처럼 꼬리치고 아부하는 사람은 '哈巴狗'라 하며, 초상집 개처럼 의지할 곳 없이 이리저리 떠돌아 다니는 사람은 '丧家狗'라 한다. 또 미친개처럼 가는 곳마다 시비를 일삼고 남에게 피해를 주는 사람은 '疯狗', 들개처럼 성질이 포악하고 못된 짓을 일삼는 사람은 '野狗'라 한다.

哈巴狗
hǎbagǒu

발바리, 아첨하는 사람

看起来他就像个巴结权贵的哈巴狗一样。

보아하니, 그 사람은 마치 권력에 아첨하는 발바리 같다.

丧家狗
sàngjiāgǒu

초상집 개, 불쌍한 사람

听说他最近做事都不顺利，就像丧家狗一样可怜。

그 사람 요즘 하는 일마다 모두 잘 안 된다고 하던데 초상집 개처럼 불쌍하다.

疯狗
fēnggǒu

미친개, 시비를 일삼는 사람

不要走进这间屋里，里面有一只疯狗。

이 방에 들어가지 말아요, 안에 미친개 한 마리가 있어요.

野狗
yěgǒu

들개, 성질이 포악한 사람

家里养的狗比野狗要温顺。

집에서 키우는 개는 들개보다 온순하다.

또 중국사람들은 남에게 혐오감을 주는 사람을 개똥에 비유하여 '狗屎堆'라 하고, 사람이 사람답지 못한 것은 '狗东西'라 한다. 여기서 '狗屎', '东西'는 인격이 없는 것, 하찮고 쓸데없는 것의 상징이다. 인간은 자신의 가치를 높이기 위해, 혹은 마음속의 분노를 사그라뜨리기 위해 상대를 열등한 존재로 폄하하는 경우가 있다. 그러나 어떤 상황이든 사람을 개에 빗대어 말하는 것은 모두 심한 욕설이므로 주의해야 한다.

⊘ 狗屎 [gǒushǐ] 개똥, 하찮은 물건　　　　⊘ 东西 [dōngxi] 물건

狗东西
gǒudōngxi

개자식, 개 같은 놈

这个狗东西，怎么能骗最好的朋友呢?
개 같은 놈, 어떻게 가장 친한 친구를 속일 수 있어?

狗屎堆
gǒushǐduī

개똥 같은 놈,
남에게 혐오감을 주는 사람

他就是个狗屎堆，所以没人愿意理他。
그는 개똥 같은 놈이라 아무도 그를 상대하려 하지 않는다.

개는 오랫동안 인간과 함께했던 동물로 예로부터 전해오는 고사성어가 많다. 예컨대, '여우 친구, 개 친구'란 뜻의 '狐朋狗友'는 품행이 바르지 않고 여러 방면에서 나쁜 영향을 끼치는 사람을 가리키고, '狼心狗肺'는 늑대나 개처럼 다른 사람의 은혜를 저버리는 배은망덕한 사람을 나타낸다. 중국에서 개와 여우, 늑대는 모두 한 종류의 동물로 대부분 성질이 포악하고 나쁜 사람을 비유한다.

狐朋狗友
húpénggǒuyǒu

나쁜 영향을 끼치는 친구,
불량배

他总是跟狐朋狗友在一起。
그는 항상 불량배 같은 친구들과 어울려 다닌다.

狼心狗肺
lángxīngǒufèi

흉악하고 잔인하다,
배은망덕하다

你这个狼心狗肺的东西，滚出去!
이 배은망덕한 놈아, 꺼져버려!

마지막으로 '개도 급하면 담장을 뛰어넘는다'는 '狗急跳墙'은 긴박한 상황이 생겼을 때 뒷일은 생각하지 않고 필사적으로 행동하는 것을 뜻하고, '개가 쥐를 잡다'는 '狗拿耗子'는 남의 일에 쓸데없이 참견하는 것을 가리킨다. 쥐를 잡는 것은 원래 고양이의 일인데 개가 공연히 그 일에 간섭한다고 하여 생긴 말이다.

耗子 [hàozi] 쥐

狗急跳墙
gǒujítiàoqiáng

개도 급하면 담장을 뛰어넘는다

人急造反，狗急跳墙。
사람은 급하면 반란을 꾀하고, 개도 급하면 담장을 뛰어넘는다.

狗拿耗子
gǒunáhàozi

개가 쥐를 잡다, 쓸데없는 일에 참견하다

你别狗拿耗子，多管闲事。
다른 사람 일에 그렇게 쓸데없이 참견하지 말아라.

🎧 1-10.mp3

A 你今天怎么像丧家狗一样，感觉你一点劲儿都没有。

B 其实前几天我和女朋友分手了，不知道以后该怎么生活。

A 你这傻瓜，世上的女人多的是，你还会遇见更好的！

A 오늘 너 왜 이렇게 초상집 개 같냐? 기운이 하나도 없어 보여.
B 사실 나 며칠 전에 여자친구랑 헤어졌어. 앞으로 어떻게 살아야 할지 모르겠어
A 이 바보야, 세상에 여자는 많아. 더 좋은 사람 만날 수 있을 거야!

06

'우리'라는 공동체,

중국은 한족(漢族)을 중심으로 56개의 민족이 모인 다민족 국가이다. 그 중 조선족(朝鮮族)은 중국의 소수민족 중 하나로 우리와 같은 언어와 문화를 공유하지만 국적은 중국에 속한 재중동포를 가리킨다. 이처럼 '族'는 본래 같은 피를 나눈 가족이나 민족을 뜻하지만, 최근에는 그 뜻이 확장되어 혈연과 상관없이 '공통된 특성을 가진 어떤 무리'를 族로 표현하는 경우가 많다. 그리하여 현재 중국 사회는 이전에는 없던 새로운 族가 등장하였다. 이 가운데 상당수는 빈부격차와 청년실업문제, 주거문제 등 현재 중국이 당면한 여러 가지 사회 문제와 급변하는 중국의 모습을 반영한다. '族' 신조어는 최근 중국 사회와 경제, 문화를 이해하는 핵심 키워드이기도 하다.

중국에서도 안정적이고 수입이 좋은 직장에 취업하는 것이 하늘의 별 따기이다. 이것은 고등 교육을 받은 대학 졸업자도 예외가 아니다. 매년 수만 명의 학생이 대학을 졸업하고 있는 데다 농촌의 노동력마저 도시로 몰리고 있기 때문이다. 그래서 요즘에는 '蚁族'란 말까지 유행할 정도다. 이는 '한국판 88만원 세대'란 뜻으로 저임금, 임시직 등 불안정한 일자리를 전전하고 있는 사람을 가리킨다. 사회적으로 그 수가 많고 약자라는 점이 개미의 특징과 비슷하여, 蚁族란 이름이 생겼다.

蚁族 개미족
yǐzú

政府应该多关注蚁族的苦恼和生活的问题。
정부는 마땅히 개미족의 어려움과 생활 문제에 대해 많은 관심을 가져야 한다.

중국에서 캥거루족은 '啃老族'라 부른다. '啃'은 '물어뜯다, 갉아먹다'는 뜻으로, 성인이 되었지만 경제적으로 독립하지 못하고 부모에게 의지하며 사는 20~30대의 청년을 가리킨다.

啃老族 캥거루족
kěnlǎozú

增加啃老族的现象已经成为全国性的社会问题。
캥거루족의 증가는 이미 전국적인 사회 문제가 되었다.

'本本族'는 수많은 자격증이 있는데 취업하지 못하는 사람들이다. 즉, 운전면허증은 있는데 차가 없고, 영어 점수는 있지만 영어로 말할 줄 모르며, 컴퓨터 자격증은 있지만 실무경험이 없는 사람들을 가리킨다.

증서를 가지고 있는 사람들

最近找工作特别难，所以形成了好多本本族。
요즘 취업하기가 너무 어려워서 수많은 번번주(本本族)가 생겼다.

한편으론 어렵게 취업했지만 얼마 버티지 못하고 쉽게 직장을 그만두는 사람들도 있다. 중국에서는 이들을 딸기에 비유한다. 딸기는 겉모습은 예쁘고 화려하지만 속은 연약하고 금방 물러지는 특징이 있기 때문이다. 따라서 '草莓族'는 직장에서 조그만 상처에도 쉽게 포기하고 좌절하는 사람을 뜻한다.

草莓族
cǎoméizú

딸기족, 허약한 정신력을 가진 젊은이

草莓族是指像草莓一样很脆弱,不坚强的年轻人。
딸기족이란 딸기처럼 나약하고 끈기가 없는 젊은 사람들을 가리킨다.

중국은 흔히 목표나 비전이 없는 사람을 '소금에 절인 생선'인 '咸鱼'에 비유한다. 咸鱼의 발음이 '한가하다'는 뜻의 '闲余'와 같기 때문이다. 즉, '咸鱼族'는 아무런 발전 없이 하루하루 안일하고 무기력하게 살아가는 사람을 뜻한다.

咸鱼族
xiányúzú

목표와 비전이 없는 사람들

在职场里不能当个咸鱼族。
직장 내에서 아무 비전없고 무기력한 사람이 되어서는 안 된다.

우리 사회에서 언젠가부터 1인 식당, 1인 여행 등 1인 상품이 인기를 끌고 있다. 그만큼 늦게 결혼하거나 혼자 사는 사람이 점점 많아지고 있다는 뜻이다. 만혼과 비혼이 늘고 있는 것은 중국도 마찬가지다. '单身族'는 결혼에 연연해하지 않고 자기만족과 계발에 투자를 아끼지 않는 싱글족을 말한다. 그런데 요즘에는 싱글족뿐 아니라 '丁克族'도 함께 늘고 있는 추세다. '丁克'란 'DINK'의 음역으로 결혼을 했더라도 의도적으로 아이를 낳지 않는 부부를 가리킨다.

单身族 싱글족
dānshēnzú

◇ 最近不结婚独居的单身族增多。
요즘 결혼을 안 하고 혼자 사는 싱글족이 늘어나고 있다.

丁克族 딩크족
dīngkèzú

◇ 丁克族在法国已经相当普遍。
딩크족은 프랑스에서 이미 상당히 보편화 되었다.

중국에서 빈부격차는 갈수록 심각한 사회 문제가 되고 있다. 그렇다 보니, 인생에서 돈이 최고의 가치라 생각하는 사람도 점점 늘고 있다. 이해득실 따지지 않고 긍정적인 미래를 바라보고 나아가자는 '向前看'이란 말이 '돈을 바라보자'는 '向钱看'이라는 말로 변질되었을 정도다. 이처럼 중국에서는 돈을 벌기 위해 수단 방법 가리지 않고 돈을 숭상하는 무리를 가리켜 '拜金族'라 부른다.

拜金族
bàijīnzú

배금주의자

他是为了赚钱而用尽各种方法和手段的拜金族。

그는 돈을 벌기 위해 각종 수단과 방법을 가리지 않는 배금주의자이다.

'月光族'는 월급을 받으면 그 달에 돈을 몽땅 써 버리는 사람들이다. 최근에는 일주일 만에 월급을 다 써 버리는 '星光族', 하루 만에 다 써 버리는 '日光族'라는 말도 생겼다. 月光族은 본래 낭비벽을 비꼬는 단어지만 요즘에는 아무리 절약해도 월말만 되면 통장 잔고가 바닥이 돼버리는 사람들이 스스로의 형편을 자조하는 말로 쓰기도 한다.

月光族
yuèguāngzú

월광족,
매달 자신의 월수입을 모두 소비하는 사람들

这个月的工资已经花光了，你可真是个月光族。

이번 달 월급을 벌써 다 써 버리다니, 넌 정말 월광족이구나.

설이나 추석이 되면 명절에 관한 기사가 심심치 않게 보인다. 주부들의 명절 우울증부터 명절 이후 급증한다는 이혼율, 가족끼리 하지 말아야 할 금기어까지 매년 비슷하지만 꾸준히 주목 받고 있는 내용이다. 중국도 명절이 되면 대부분의 사람들은 고향에 가기 위해 분주하지만 최근에는 고향 가기를 꺼리는 사람들이 늘고 있다. 그 원인은 경제적 부담, 결혼재촉, 귀성전쟁 등으로 우리와 크게 다르지 않다. 이처럼 '恐归族'란 이런 저런 이유로 명절날 고향 가기를 꺼리는 사람을 일컫는 말이다.

명절에 귀성을 두려워하는 사람들

最近节日期间怕回乡的恐归族越来越多。

요즘 명절기간에 고향 가기를 두려워 하는 사람들이 점점 많아지고 있다.

어딜 가나 고개 숙인 사람들이다. 출퇴근 길의 지하철에서도, 음식을 기다리는 식당에서도, 인파가 북적이는 길거리에서도 현대인은 휴대전화의 작은 세상에 열중하느라 정작 현실 세계는 잘 신경 쓰지 않는 것 같다. 중국에서는 이들을 '고개 숙인 무리'란 뜻으로 '低头族'라 부른다. 최근 低头族와 관련한 끔찍한 사망사고, 사건이 끊이지 않자 중국 언론은 '휴대전화 보고 걷지 않기', '운전 중 휴대전화 사용 금지'와 같은 캠페인을 벌이고 있다.

고개 숙여 스마트폰만 바라보는 사람들

地铁上玩手机的低头族特别多。

지하철 안에 휴대폰을 보느라 고개 숙인 사람들이 정말 많다.

중국 대도시는 집 한 채를 여러 칸으로 개조하여 여러 명이 공동으로 임대하는 경우가 많다. 물가가 비싼 도시에서 학생이나 사회 초년생이 혼자 집값을 감당하기란 쉽지 않기 때문이다. 그러나 그 환경이 워낙 열악해서 중국에서는 이러한 집을 '蜗居'라 한다. 이는 '달팽이 집'이란 뜻으로 자기 몸 하나 누일 만한 비좁고 누추한 집을 가리킨다.

蜗居族　**달팽이족**
wōjūzú

🏷 北京有很多来自外地的蜗居族。
북경에는 외지에서 온 달팽이족이 매우 많다.

이 밖에, 매달 월급을 받으며 평범한 생활을 꾸려나가는 샐러리맨은 '上班族', 하루 벌어 하루 사는 아르바이트 족은 '打工族'라 한다. 이때, '打工'은 임시로 하는 일, 아르바이트를 뜻하는 단어로, 많은 일자리 중에서도 특히 육체적으로 고되고 힘든 저임금 노동을 뜻하는 경우가 많다.

上班族　**월급쟁이, 샐러리맨**
shàngbānzú

🏷 我的老公是普通的上班族。
우리 남편은 평범한 샐러리맨이다.

打工族　**아르바이트족**
dǎgōngzú

🏷 90后的年轻人已经成为打工族群体的一部分了。
90년생 젊은이들은 이미 아르바이트족 집단의 일부가 되었다.

🎧 1-12.mp3

A　你听说过蚂蚁族吗？

B　没有，那是什么意思？

A　蚁族是近期, 在中国由于随着就业问题的加剧而产生的流行语，是指虽然是大学毕业的，但是工资很低或者没有稳定工作的人。

B　其实我们也有相似的单词，原来最近韩中两国的情况还是相差不多的。

A 너 개미족이란 말 들어봤어?

B 아니, 그게 무슨 뜻인데?

A 개미족은 요즘 중국에서 취업 문제가 심각해지면서 생긴 유행어야.
　대학을 졸업했지만 임금이 적거나 안정적이지 않은 일을 하는 사람을 뜻해.

B 사실 우리도 비슷한 말이 있어. 그러고 보니 요즘 한국과 중국의 상황이 크게 다르지 않은 것 같다.

07

자유를 잃어버린 사람들,

한때, 사람이 물건처럼 거래되던 때가 있었다. 단지 피부색이 다르다는 이유로 사람이 사람에게 강제로 노역을 시켰고, 태어날 때부터 가치 있는 사람과 그렇지 못한 사람을 구분하기도 했다. 불합리한 노예 제도는 역사 속으로 사라졌지만 우리 사회는 여전히 또 다른 노예가 존재한다. 배금주의 사상이 만연해지면서 점점 더 많은 사람이 집의 노예, 자동차의 노예, 카드의 노예와 같은 재물의 노예가 되고 있는 것이다. '노예'란 인간의 기본적인 권리나 자유를 빼앗긴 채 노동의 부림을 당하는 사람이다. 사람이 만약 자유와 행복을 잃어버린 채 돈에 얽매인 삶을 살 수밖에 없다면 이것이 또 다른 현대의 노예가 아닐까 생각한다.

요즘 중국은 결혼과 동시에 '결혼의 노예'가 돼버린 '婚奴'가 많다. 체면을 중시하는 중국사람들은 결혼할 때 집과 차는 필수라 생각하고 가능한 크고 화려한 결혼식을 원하기 때문이다. 우리도 마찬가지지만 중국사람들은 특히 집에 대한 애착이 강한 것 같다. 실제로 많은 사람들은 집만 있으면 걱정할 것이 없다 말하고 집을 최고의 재테크 수단으로 생각한다. 그래서 중국사람들은 결혼할 때 무리하게 대출을 받아서라도 내 집 장만에 힘을 쓴다. 그러나 수입에 비해 지나치게 많은 빚은 당연히 가계에 큰 부담을 가져온다. 이처럼 집이 있지만 가난한 생활을 하고 있는 사람은 중국어로 '房奴'라 한다.

婚奴
hūnnú

결혼의 노예

現在是结婚同时就成为婚奴的时代。
지금은 결혼과 동시에 훈누(婚奴)가 되어버리는 시대가 됐다.

房奴
fángnú

하우스 푸어

他们把自己称为房奴。
그들은 스스로 자신을 하우스 푸어라 부른다.

비슷한 맥락으로 수입에 비해 비싼 자동차를 구입한 후 자동차 할부금, 유지금 등의 지출로 일상 생활의 어려움을 겪는 사람은 '车奴'라 한다. 婚奴, 房奴, 车奴는 적게는 수년에서 많게는 수십 년 동안 빚을 갚기 위해 자유를 잃어버린 사람들이다. 행복하기 위해 집과 차를 샀지만 사실상 그것 때문에 가난하고 고단한 삶을 살고 있으니 돈은 이들에게 또 다른 구속인 셈이다.

车奴
chē'nú

카 푸어

他具有一辆高档的汽车，但看起来好像是个车奴。
그 사람은 고급 차를 갖고 있지만 아무래도 카 푸어 인 것 같다.

산 넘어 산, 결혼 뒤 아이가 생기면 부부는 자녀 교육비 문제에 직면한다. 많은 사람들이 아이를 좋은 대학, 좋은 직장에 보내기 위해서는 어렸을 때부터 아낌없이 투자해야 한다고 생각하기 때문이다. 따라서 부모는 더욱 돈 버는 일에 얽매일 수밖에 없고, 때로는 자식 때문에 자신의 꿈과 자유를 포기하기도 한다. 오죽하면 '자식의 노예', '孩奴'란 말까지 생겼을까? 학력 중심으로 인한 과도한 사교육비 문제는 오늘날 우리 사회의 심각한 문제가 아닐 수 없다.

孩奴
háinú

자식의 노예

结婚后我不想成为孩奴。
난 결혼하고 자식의 노예가 되고 싶지 않다.

중국도 명절이나 기념일이 되면 술과 건강식품 등 선물을 챙긴다. 고마운 사람에게 감사의 마음을 전하는 것은 좋은 일이지만 자신의 급여 수준에 비해 높은 금액의 선물을 사다 보니 종종 문제가 생기기도 한다. 명절날 이곳 저곳 비싼 선물을 챙기다 보면 정작 본인은 '卡奴' 또는 '节奴'로 전락하는 일이 많기 때문이다. 卡奴는 신용카드를 사용하고 그 빚을 갚지 못해 카드의 노예가 된 사람을 가리키고, 节奴는 '春节', '中秋节'와 같은 명절에 선물 비용으로 경제적, 심리적으로 큰 부담을 갖고 있는 사람을 가리킨다.

- ⊘ 春节 [chūnjié] 음력 1월 1일, 설
- ⊘ 中秋节 [zhōngqiūjié] 음력 8월 15일, 추석

卡奴
kǎnú

카드 노예

🏷 卡奴族的增加已经成为严重的社会问题。
카누족(卡奴族)의 증가는 이미 심각한 사회 문제가 되었다.

节奴
jiénú

명절의 노예

🏷 过节送礼的成本越来越高，因此产生了很多节奴。
명절날 선물 비용이 점점 올라가서 명절의 노예가 많아졌다.

앞서 살펴본 예는 자신의 소득 수준에 비해서 과도한 소비를 해서 재물의 노예가 된 경우다. 그런데 이와는 반대로 쓰는데 너무 인색해서 돈의 노예가 돼 버린 사람도 있다. 예컨대, '守财奴', '看财奴'가 그렇다. '守'는 지키다, 수비하다는 뜻으로 守财奴란 재물을 힘써 지키는 사람이란 뜻이고, 看财奴는 오로지 돈만 바라보는 사람을 가리킨다. 모두 구두쇠, 짠돌이란 뜻으로 재물을 모을 줄만 알지 쓸 줄 모르는 사람을 뜻한다.

守财奴
shǒucáinú

수전노, 돈에 인색한 사람

🏷 他是只要手里有钱就绝对不会用钱的守财奴。
그 사람은 한번 손에 돈을 쥐면 절대 쓰지 않는 수전노이다.

看财奴
kāncáinú
구두쇠, 짠돌이

🏷 她是个看财奴，连一杯咖啡都舍不得请我喝！
그녀는 나한테 커피 한잔 사는 것도 아까워하는 짠순이다.

마오쩌둥(毛泽东)은 공산주의 국가를 건설하며 일찍이 하늘의 절반은 여성이 떠받들고 있다는 '半边天' 사상을 강조했다. 덕분에 중국은 결혼 이후 남편과 아내의 가사분담이 잘 이루어지는 편이고, 남자가 장을 보고 요리하는 것도 매우 자연스럽다. 가정 안에서 여성의 지위가 오르자 중국에서는 아내에게 잡혀 사는 남자를 '妻奴'라 부르기도 한다. 이는 '气管炎'과 비슷한 표현으로 공처가(恐妻家)를 놀림조로 부르는 말이다.

⊘ 半边天 [bànbiāntiān] 하늘의 반쪽, 신시대 여성의 사회적 역할
⊘ 气管炎 [qìguǎnyán] 기관지염, '妻管炎[qīguǎnyán]'과 발음이 비슷해서 공처가란 뜻으로 쓰기도 한다.

妻奴
qīnú
아내의 노예, 공처가

🏷 他自己说是爱妻，而绝对不是妻奴。
그는 자신은 애처가이지 절대 공처가가 아니라 말한다.

현재 중국은 경제성장의 둔화와 노동력 과잉으로 일자리 경쟁이 날로 치열해지고 있다. 그래서 최근에는 '자격증의 노예', '证奴'라는 신조어까지 생겼다. 证奴는 남들과 다른 경쟁력을 갖추기 위해 시간과 돈을 아끼지 않고 자격증 시험에 목 매는 사람을 뜻한다. 그러나 证奴는 실질적인 경력을 쌓기 보다는 종이로 된 자격증만 추구한다는 점에서 기본적으로 부정적인 어감이 담겨있다.

자격증의 노예

为了一张证书，他花了那么多钱，简直是个证奴。
자격증 하나 따려고 그렇게 많은 돈을 소비하다니 정말 자격증의 노예다.

위화(余華)의 소설 《허삼관 매혈기(許三觀賣血記)》는 가족을 위해 자신의 피를 팔아 고단한 삶을 살아야 했던 한 가장의 이야기를 다뤘다. '血奴'란 소설의 주인공처럼 자신의 피를 팔아서 근근이 생계를 이어가는 사람을 가리킨다. 매혈은 현재 불법행위가 되었지만 과거엔 우리나라도 학비나 생활비를 벌기 위해 피를 파는 일이 많았다. 이런 배경으로 위화의 소설은 우리나라에서 〈허삼관〉이란 영화로 제작되기도 했다.

매혈자

以卖血为生活的人被称为血奴。
피를 팔아서 생계를 이어가는 사람을 매혈자라고 한다.

A 最近很多人结婚的瞬间就变成婚奴了。而且孩子的教育费用日益增加，都开始出现'孩奴'了。

B 谁说不是啊。

A 所以我打算不结婚，自己一个人生活。

B 可是大家都结婚, 你父母不担心你吗？

A 没必要随大流啊，我会和他们好好说的。

A 요즘에 많은 사람들이 결혼하는 순간 결혼의 노예(婚奴)가 되고 있어.
　게다가 아이들 사교육비가 날이 갈수록 증가하고, '자식의 노예(孩奴)'까지 생겼으니
　말이야.
B 누가 아니래.
A 그래서 난 결혼 안하고 혼자 살 생각이다.
B 그래도 남들 다 결혼하는데 부모님이 걱정하지 않으실까?
A 남들이 하는 대로 모두 따라 할 필요는 없잖아. 잘 말씀 드려 봐야지.

⊘ 随大流 [suídàliú] 여러 사람들이 하는 대로 덩달아 따라하다

🎧 1-15.mp3

중국인이 빨간색에 열광하는 이유,

중국사람들은 매년 새해가 되면 집집마다 빨간색으로 만든 춘련(春联)을 대문에 붙이고, 빨간색 폭죽을 터뜨린다. 또 결혼 할 때는 결혼식장과 신혼집 구석구석을 붉은색으로 장식하고, 부부가 아이를 낳으면 红蛋(붉게 물들인 달걀)을 선물하기도 한다. 중국사람들은 특별한 날 빨간색을 써야 액운을 쫓아 기쁘고 좋은 일이 생길 것이라 믿기 때문이다. 중국에서 빨간색은 건강과 행운, 축복 등 온갖 좋은 것들의 상징이다. 이처럼 빨간색은 중국 국민과 국가를 대표하는 색으로, 대부분의 중국사람들은 가장 좋아하는 색으로 빨간색을 꼽는다. 그러나 이것은 개인의 취향이라기 보다 오랜 시간 축적되어 온 문화적 산물에 가깝다.

우리말에는 '빨간색'을 표현하는 말이 참 많다. 발갛다, 벌겋다, 불그
스름하다, 새빨갛다, 시뻘겋다 등 같은 색상이라도 각각의 어휘에 미묘
한 차이를 담고 있다. 중국어로 빨간색은 '红色'이지만 중국 역시 빨간색
을 부르는 말이 많다. 바닷물이 깊을수록 짙은 파란색을 띠는 것처럼 중
국사람은 색깔이 짙고 옅음을 표현할 때 형용사 '深'과 '浅'을 쓴다. 즉,
짙은 빨강은 '深红'이고, 연한 빨강은 '浅红'이라 말한다. 또 선명한 빨강
은 '红彤彤' 또는 '红通通'라 하며, 분홍색은 '粉红色'라 한다. 만약 빨갛
게 잘 익은 사과를 묘사해야 한다면 단순히 "很红的苹果(빨간 사과)"보
다는 "红彤彤的苹果(새빨간 사과)"란 말이 훨씬 생동감 넘치는 표현이
된다.

⊘ 深 [shēn] 깊다, 진하다　　　　⊘ 浅 [qiǎn] 얕다, 옅다

深红　shēnhóng
짙은 붉은색

🏷 我不太喜欢用深红色的口红。
나는 짙은 빨강 립스틱은 별로 안 좋아한다.

浅红　qiǎnhóng
옅은 붉은색

🏷 这些浅红的玫瑰花真好看。
이 담홍빛의 장미꽃들이 정말 예쁘다.

红通通　hóngtōngtōng
새빨갛다 = 红彤彤

🏷 我买了一个红通通的苹果。
나는 새빨갛게 잘 익은 사과 하나를 샀다.

粉红色
fěnhóngsè **분홍색**

那边穿粉红色连衣裙的女孩就是我的女儿。
저기 분홍색 원피스를 입은 여자 아이가 우리 딸이에요.

명절, 생일잔치, 개업식 등 특별한 날에는 '红包'가 빠질 수 없다. 红包란 경제적 부담을 덜어주기 위해 친지와 가족이 십시일반 돈을 모아주는 중국식 품앗이라 할 수 있다. 그런데 중국사람에게 봉투를 전할 때 한국사람이 반드시 조심해야 할 것이 있으니 바로 봉투의 색이다. 우리는 경조사를 챙길 때 일반적으로 하얀색 봉투를 쓰지만 중국에서는 결혼식처럼 좋은 날 하얀색 봉투를 건네는 것은 매우 큰 실례가 될 수 있다. 하얀색은 죽음을 상징하는 색으로 주로 장례식에서 조의금을 전할 때만 쓴다.

红包
hóngbāo **붉은 봉투에 넣은 용돈, 축의금, 세뱃돈**

春节时，长辈给晚辈送红包是中国的传统。
설에 손윗어른이 아랫사람에게 세뱃돈을 주는 것은 중국의 전통이다.

빨간색은 어떤 일에 대한 성과나 결실, 사업의 번창과 순조로움을 나타내기도 한다. 따라서, 중국사람들은 어떤 사업이 크게 번창하고 활기를 띠는 것은 '红火'라 하고, 사랑과 주목을 받는 사람, 인기가 많은 사람은 '红人'이라 한다. 또 연예인이나 스포츠 스타가 대중에게 큰 인기를 얻는 것은 '走红'이라 한다.

红火
hónghuo

사업이 번창하다

✎ 那家店的生意最近很红火。
그 집 장사가 요즘 매우 잘 되고 있다.

红人
hóngrén

주목 받는 사람, 총애 받는 사람

✎ 他是最近在我们公司领导干部面前的红人。
그는 요즘 우리 회사 고위층 간부에게 총애를 받는 인물이다.

走红
zǒuhóng

환영을 받다, 인기를 얻다

✎ 许多专家都说这种款式将来会走红。
많은 전문가들은 앞으로 이런 스타일이 인기를 얻을 것이라 말한다.

중국사람들은 순조로운 출발을 기원할 때 '开门红'이란 글자를 쓴다. 이는 문을 열자마자 붉은색 글자를 맞이한다는 뜻으로 시작부터 좋은 성과를 낸다는 뜻이다. 예컨대, 첫 시험부터 좋은 성적을 거두었거나 이제 막 사업을 시작했는데 좋은 결실을 맺었을 때 출발이 좋다는 뜻으로 쓴다. 비슷한 말로 '满堂红'은 이곳 저곳이 온통 빨간색이다는 뜻으로, 각 방면에서 두루 좋은 성과를 거두다는 뜻이다.

开门红
kāiménhóng

좋은 출발을 하다

✎ 他今年一开始就得了个开门红。
그는 올해 시작부터 좋은 성과를 거두었다.

满堂红
mǎntánghóng

这次考试每门科目我都得了满堂红。
나는 이번 시험에서 각 과목마다 좋은 성적을 거두었다.

빨간색은 사회주의 국가, 공산당, 혁명의 뜻을 담기도 한다. 대표적으로 '五星红旗'는 빨간색 바탕에 노란 별이 그려져 있는 중국 국기로, 다섯 개 별 중에 가장 큰 별은 공산당을 상징하며 작은 별 네 개는 중화인민공화국을 구성하는 각각의 계급을 가리킨다. 또 '红军'은 국공내전 당시 중국 공산당 군대를 가리키며, '红卫兵'은 마오쩌둥이 자신의 정치적 권력 기반을 강화시키기 위해 만들었던 학생군대를 가리킨다.

五星红旗
Wǔxīnghóngqí

韩国的国旗是太极旗，中国的国旗是五星红旗。
한국의 국기는 태극기이고, 중국의 국기는 오성홍기이다.

红军
Hóngjūn

这部电影是描述红军长征的作品。
이 영화는 홍군의 장정을 묘사한 작품이다.

红卫兵
Hóngwèibīng

很多中国的知识分子遭受了红卫兵的迫害。
중국의 많은 지식인들이 홍위병에게 핍박을 당했다.

그러나 중국과 달리 서양 문화에서 빨간색은 줄곧 위험, 주의를 나타
냈다. 가령, 신호등에서 빨간 등은 정지를 나타내고, 운동 경기에서 레
드카드는 선수의 퇴장을 알리는 신호다. 이러한 영향으로 중국에서 '亮
红灯'은 위험한 상태나 엄중한 경고를 알리는 말이 되었고, '闯红灯'은
'빨간불을 무시하고 길을 건너다'는 뜻으로 어떤 규칙이나 법을 위반하는
것을 나타낸다. 반대로 녹색은 긍정의 색으로 '开绿灯'이라 하면, '통행
을 허락하다'는 뜻으로 어떤 일을 막지 않고 앞으로 나아가게 한다는 표
현이다.

○ 开绿灯 [kāilǜdēng] 길을 내주다, 앞으로 나아가게 하다.

亮红灯
liànghóngdēng

적신호를 보내다, 엄중한 경고를 하다

不规律的生活习惯给我的身体健康亮起了红灯。
불규칙한 생활 습관은 내 몸에 적신호를 알렸다.

闯红灯
chuǎnghóngdēng

빨간 신호를 무시하다

过马路时千万不要闯红灯。
길을 건널 때 제발 신호를 위반하지 마세요.

A 昨天你参加的中国朋友的婚礼怎么样？

B 我第一次参加中国的传统婚礼，印象非常深刻。特别是场地的装饰几乎都是用的大红色。

A 对，中国式婚礼一定不能缺了红色，那你给红包了吧？

B 我本来想把钱放在白色信封里的，但朋友说中国的婚礼一定要用红色的信封，所以我就马上换了。

A 我的天，你差点儿犯了大错。

A 어제 중국 친구 결혼식에는 잘 다녀왔어?

B 중국 전통 결혼식은 처음 참석했는데, 정말 인상적이었어. 특히 결혼식장의 장식이 대부분 빨간색으로 되어 있더라고.

A 맞아, 중국 결혼식에서 빨간색이 절대 빠질 수 없지. 축의금은 냈지?

B 원래 하얀색 봉투에 돈을 넣으려고 했는데 친구가 중국 결혼식에서는 반드시 빨간색 봉투를 써야 한다고 알려줘서 얼른 바꿔 넣었어.

A 어머, 너 큰 실수 할 뻔 했구나.

09

중국식 흙수저와 금수저,

1978년, 덩샤오핑은 '검은 고양이든 흰 고양이든 쥐만 잘 잡으면 된다'는 '흑묘백묘(黑猫白猫)론'을 주장하며 적극적인 대외개방 정책을 실시했다. 덕분에 중국은 짧은 시간 안에 고속 성장을 이루었고 세계적인 경제 대국으로 발돋움했다. 그러나 몸집 부풀리기식의 경제 성장은 사회 곳곳에 여러 가지 부작용을 초래했다. 개혁개방 이후 중국 도시와 농촌에서 상상을 초월하는 빈부 격차가 발생한 것이다. 양극화 현상은 갖가지 사회 갈등을 만들었고, 결과적으로 중국의 질적 성장을 가로 막았다. 중국은 모두가 잘 살아보자며 사회주의 체제를 기반으로 세워진 국가지만, 현실은 아이러니하게도 극심한 양극화 문제로 몸살을 앓고 있다.

시대(时代)와 세대(世代)는 다르다. '时代'는 어떤 특별한 시간이나 일정한 기간을 나타내고, '世代'는 한 사람이 태어나서 성인으로 성장하는 시간이다. 예컨대, 우리는 한 나라의 역사와 문화가 가장 발전하고 번성했던 시기, 또는 한 개인이 인생에서 가장 빛나고 아름다웠던 시기를 가리킬 때 '黄金时代'라는 말을 쓴다. 반면, 世代는 같은 시대에 살면서 비슷한 생각과 문화를 공유하는 사람들을 뜻한다. 즉, 현재를 이끌어 가는 나이 든 세대는 기성세대(旣成世代)라 하며, 새로운 가치관과 행동 양식을 지향하는 젊은 세대는 신세대(新世代)라 한다.

✓ 黄金时代 [huángjīnshídài] 황금시대

时代 shídài

시대

🏷 这部小说是以日本帝国时代为背景写的作品。
이 소설은 일본 제국시대를 배경으로 한 작품이다.

世代 shìdài

세대

🏷 这本书是我们家世代相传的宝物。
이 책은 우리 집안 대대로 전해 내려오는 책이다.

그러나 자라온 환경과 시대가 다르면 부모와 자식 간에도 서로 이해하지 못하는 가치관이 존재할 수 있다. 세대에 따른 사고방식의 차이는 '代沟'라 한다.

代沟
dàigōu 세대차이

🏷 80后这一代人父母和孩子之间有明显的代沟。
80년대 태어난 사람들은 부모와 자식들 사이에 분명한 세대차이가 있다.

이 밖에, '代'를 동사로 쓰면, '~을 대신하다, 대체하다'는 뜻도 있다. 예컨대, 남을 대신하는 것은 '代替' 또는 '代理'라 하며, 어떤 사안을 다른 이에게 잘 설명하고 인계하는 것은 '交代'라 한다. 우리말로 '교대하다'는 뜻으로 이해해도 좋지만, 경우에 따라 상사가 부하에게 일 처리를 잘 할 수 있도록 '분부하다, 당부하다'는 뜻으로 해석할 때도 있다.

代替
dàitì 대체하다, 대신하다 = 代理

🏷 任何人都不能代替你。
누구도 너를 대신할 수 없다.

交代
jiāodài 앞의 상황을 설명하다, 인계하다,
분부하다, 당부하다

🏷 这件事不能怪他，只能怪我没交代清楚。
이 일은 그 사람을 탓하면 안 되고, 명확하게 지시하지 못한 나를 탓해야 한다.

또 단체나 기관의 대표자는 '代表'이고, 노력과 희생으로 얻게 되는 결과는 '代价'이다. 따이공(代工)은 한국과 중국을 오가며 물건을 전달해 주는 보따리 상을 부르는 말로, 남을 대신해 물건을 구입하는 것은 '代购'라 한다.

代表
dàibiǎo

他是中国80年代文学的代表作家。
그는 중국 80년대 문학의 대표 작가다.

代价
dàijià

战争以后双方都付出了惨痛的代价。
전쟁 이후 양쪽 모두 비참한 대가를 치렀다.

代购
dàigòu

由于个人原因，暂时不提供代购服务。
개인적인 이유로 잠시 구매대행 서비스를 제공하지 않습니다.

위에서 살펴 본 것처럼, '代'는 '앞의 것을 이어받다, 대신하다'는 뜻으로 '二代'란 첫 번째 세대를 잇는 2세대를 가리킨다. 二代는 최근 중국의 인터넷과 TV방송에서 유행하는 신조어로 우리사회의 금수저, 흙수저를 나타내는 말이다. 먼저, '富二代'는 태어날 때부터 금수저를 물고 나온, 이른바 '재벌 2세'를 가리킨다. 여기에는 두 가지 부정적인 의미가 담겨있다. 첫째는 부모의 재력, 사회적 지위로 인사상 특혜를 입는 것이고, 다른 하나는 이들이 저지르는 불량 행위이다. 부자란 이유로 무조건 비판 받는 것은 옳지 않지만 富二代의 흥청망청한 소비생활과 안하무인격 태도는 많은 사람들의 공분을 사고 있다. 富二代가 논란에 휩싸이지 않기 위해서는 실력과 내실을 갖추고 특권의식을 누리지 않는 자세가 중요하다.

富二代 fù'èrdài

재벌 2세

◇ 听说他是某个公司的富二代。
듣자 하니 그는 모회사의 재벌 2세라 한다.

반면, 富二代와 상대적인 개념으로 빈곤층 자녀는 '穷二代' 또는 '贫二代'라 한다. 중국에는 "没有背景, 只有背影儿." 란 말이 있다. 좋은 배경은 없고 가난의 그림자만 있다는 뜻이다. 이는 가난을 노력으로 극복하지 못하고 2대, 3대를 대물림 할 수 밖에 없는 중국 사회의 어두운 현실을 반영하는 말이다.

穷二代 qióngèrdài

빈곤 가정의 자녀 = 贫二代

◇ 我毕竟是穷二代，努力也不行。
난 어차피 흙수저라 노력해도 안돼.

대부분의 중국사람들은 '그래도 내 집 한 채는 있어야지'라는 생각이 강하다. 집에 대한 애착은 부모 세대가 그랬듯 자녀도 마찬가지다. 하지만 물가상승과 부동산 거품으로 대도시에서 일반 서민이 집을 사는 일은 점점 더 어려운 일이 되고 있다. '房二代' 역시 부의 세습을 반영하는 대표적인 말로 태어날 때부터 부모에게 집을 물려받은 자녀를 가리킨다.

房二代 fángèrdài

집을 부모에게 물려받은 자녀

◇ 现在是房二代跟房奴共存的社会。
지금은 방얼다이(房二代)와 방누(房奴)가 함께 공존하는 사회다.

중국은 인구 증가를 막기 위해 1980년대부터 2015년까지 '1가구 1자녀 정책'을 시행했다. 지금은 법이 개선되어 한 집에 두 명까지 낳을 수 있게 되었지만 현재 중국 젊은이들은 외동딸, 외동아들이 대부분이다. 独一代는 80년대에 태어난 첫 번째 외동 세대를 가리키고, '独二代'는 이들이 낳은 외동 자녀다. 즉, 独二代는 2대에 걸친 독생 자녀로 형제자매뿐 아니라 삼촌이나 이모도 없는 사람들이다.

独二代
dúèrdài

2대째 독생자녀

我的孩子是独二代。　우리 아이는 두얼다이(独二代)이다.

이 밖에, 정부 및 국가기업부문 등 고위직 공무원의 자녀는 '官二代', 유명 스타의 자녀는 '星二代'라 한다. 중국 매체에 따르면, 고위직 자녀가 국가 주요 요직에 배치되거나, 스타의 자녀가 부모의 유명세로 별다른 어려움 없이 방송에 진출하는 경우가 종종 발생한다고 한다. 이들과 함께 경쟁해야 하는 보통 사람들의 박탈감과 허무함은 이루 말할 수 없을 것이다.

官二代
guānèrdài

고위직 공무원의 자녀

他爸爸是高级干部，所以他是官二代。
그는 아버지가 고위직 간부인 관얼다이(官二代)이다.

星二代
xīngèrdài

스타의 자녀

有些星二代跟一般人起跑线就不一样。
일부 스타 자녀들은 보통사람들과 출발선이 다르다.

🎧 1-18.mp3

A 你看过小王的车吗？他今天是开宝马来学校的。

B 你不知道小王是富二代吗？他家里还有奔驰和法拉利呢。

A 难怪他穿的衣服都是名牌。

B 听说他爸爸是一家食品公司的董事长。他已经拥有自己名义的房子了。

A 너 샤오왕 차 봤어? 오늘 BMW 끌고 학교에 왔더라고.
B 너 샤오왕이 부자인 거 몰랐어? 걔네 집에 벤츠랑 페라리도 있어.
A 어쩐지 옷도 다 명품만 입더니.
B 듣자하니, 샤오왕 아빠가 식품회사 사장이래. 벌써 자기 명의로 된 집도 있다고 하던데.

⊘ 宝马 [bǎomǎ] BMW
⊘ 奔驰 [bēnchí] 벤츠
⊘ 法拉利 [fǎlālì] 페라리

똑같은 한자가 세 개 모이면?

森 나무 → 수풀 → 삼림
　　木　　　林　　　森

木 [mù] 나무

林 [lín] 수풀

森 [sēn] 삼림

⋯ 森林 [sēnlín] 삼림

众 사람 → 따르다 → 많은 사람
　　人　　　从　　　众

人 [rén] 사람

从 [cóng] 따르다

众 [zhòng] 사람이 많이 모이다

⋯ 服从 [fúcóng] 따르다, 복종하다

⋯ 群众 [qúnzhòng] 군중

焱 불 → 무더운 날씨 → 불꽃
　　火　　　炎　　　焱

火 [huǒ] 불

炎 [yán] 무더운 날씨, '염증'

焱 [yàn] 장작불이 뜨겁게 타는 '불꽃'의 모습

⋯ 炎热 [yánrè] 날씨가 찌는 듯이 무덥다

⋯ 发炎 [fāyán] 염증이 나다

品

| 입 | → | '여'씨 | → | 사물의 종류 |
| 口 | | 呂 | | 品 |

口 [kǒu] 입

呂 [lǚ] 사람의 성씨, '여'

品 [pǐn] 사물의 종류

⋯ 商品 [shāngpǐn] 상품, 물건

⋯ 品种 [pǐnzhǒng] 품종, 제품의 종류

晶

| 태양 | → | 빛나다 |
| 日 | | 晶 |

日 [rì] 태양

晶 [jīng] 반짝이다, 빛나다

⋯ 水晶 [shuǐjīng] 밝게 빛나는 보석, 수정

⋯ 晶晶 [jīngjīng] 물체가 반짝반짝 빛나는 모습

毳

| 동물의 털 | → | 가늘고 섬세하다 |
| 毛 | | 毳 |

毛 [máo] 동물의 털 깃털

毳 [cuì] 가늘고 섬세하다. 솜털, 잔털

⋯ 毛衣 [máoyī] 털옷, 스웨터

⋯ 毳毛 [cuìmáo] 새나 짐승의 솜털, 잔털

2

사람에게 배우다

아하, 그렇구나! 거꾸로 읽어도 말이 되는 AB-BA 단어

01

눈은 마음을 비추는 창,

우리는 처음 사람을 마주할 때 가장 먼저 상대의 눈을 바라본다. 그리고 종종 '저 사람은 왠지 느낌이 좋아' 혹은 '저 사람은 나랑 잘 맞을 것 같아'라는 생각을 할 때가 있다. 눈은 사람의 첫인상을 결정하는 중요한 신체기관으로 눈으로 얻는 정보는 우리 생각보다 객관적이고 정확하기 때문이다. 그래서 어떤 사람들은 눈을 보면 상대가 겁이 많고 소심한 사람인지, 자신감이 넘치고 능력 있는 사람인지, 마음이 선하고 부드러운 사람인지 등 상대의 성격과 심리를 추측할 수 있다고 한다. 이처럼 눈은 한 사람의 성격과 마음을 읽는 중요한 열쇠이며, 동시에 세상을 향해 자신을 드러내는 투명한 창과 같다.

　만약 눈을 깜빡이지 않고 항상 뜨고만 있다면 어떻게 될까? 평소에는 잘 의식하지 못하지만 우리는 지금도 쉴 새 없이 눈을 뜨고 감기를 반복한다. 그래야만 눈을 촉촉하게 유지하고 시력을 보호할 수 있기 때문이다. 중국어로 눈을 뜨고 감는 동작은 '睁眼' 또는 '闭眼'이라 하고, 눈을 짧게 깜빡이는 것은 '眨眼'이라 한다.

　중국 속담에 '睁一只眼, 闭一只眼'란 말이 있다. 보통은 두 눈을 함께 뜨고 감는 것이 정상일 텐데 한쪽은 뜨고 한쪽은 감고 있다니 이건 대체 어떤 상황일까? 말인즉, 누군가의 부족한 점이나 잘못을 보고도 못 본 척 슬쩍 눈감아 준다는 뜻이다. 이 속담에는 어떤 일에 대해서 엄격한 잣대를 들이대지 않고 관용을 베푼다는 긍정적 의미와 책임을 회피하기 위해서 비리나 불법을 보고도 못 본 척 넘어간다는 부정적 의미가 모두 담겨있다.

睁眼
zhēngyǎn

눈을 뜨다

数到三之前，不要睁眼。
셋을 세기 전까지 눈 뜨지 마세요.

闭眼
bìyǎn

눈을 감다

他闭眼坐在沙发上。
그는 눈을 감고 소파에 앉아있다.

眨眼
zhǎyǎn

눈을 깜빡이다, 눈 깜짝할 사이

大学四年的时间一眨眼就过去了。
대학 4년의 시간이 눈 깜짝할 사이 지나갔다.

　중국사람들은 다른 사람의 눈치를 살필 때 '眼色'를 '본다고 표현한다. 너무 누군가의 눈치를 보면서 소극적으로 생활해서도 안되겠지만, 그렇다고 시간과 장소 구분 못하고 눈치 없는 사람으로 낙인 찍히면 사회생활이 힘들어진다. 때로는 상대방의 생각을 잘 헤아려 적절하게 판단할 줄 아는 지혜도 필요하다. 상대의 눈빛을 살피는 것은 지나치지도 모자라지도 않아야 할 일이다.

看眼色 눈치를 보다
kànyǎnsè

　他总是看上司的眼色。
　그는 항상 상사의 눈치를 본다.

有眼色 눈치가 빠르다
yǒuyǎnsè

　他这个人很有眼色，办事又快又好。
　그는 눈치가 빨라서 일처리가 빠르고 좋다.

没眼色 눈치가 없다
méiyǎnsè

　这么小的事情都做不好，他这个人真没眼色。
　이렇게 작은 일도 잘 못하다니 그 사람은 정말 눈치가 없다.

　눈의 색에는 감정이 담겨있다. 못마땅한 사람을 바라 볼 때 나도 모르게 눈을 흘기게 된다. 이 눈을 정면에서 바라보게 되면 어떤 상태일까? 아마도 검은 눈동자는 옆으로 쏠릴 테고 흰자위가 많이 보이는 눈일 것이다.

우리말에서 남을 무시하고 흘겨보는 것을 '백안시하다'고 말하듯 중국 사람들도 누군가 업신여기고 냉대하는 눈을 '白眼'이라 한다. 따라서 '白眼狼'은 은혜를 입은 사람에게 도리어 눈을 치켜 뜨는 배은망덕한 사람을 가리킨다. 반면, 백안과 상대적인 눈은 '靑眼'이다. 靑眼은 검은 눈동자가 가운데서 초롱초롱 빛나는 눈으로 사랑이 담긴 따뜻한 눈길을 가리킨다.

⊘ 白眼狼 [báiyǎnláng] 배은망덕한 사람을 비유하는 말

白眼
báiyǎn

**백안,
냉대하여 보는 눈**

周边的人都用白眼看他。
주변 사람들이 모두 흰 눈으로 그를 흘겨본다.

青眼
qīngyǎn

**청안,
사랑이 담긴 정다운 눈**

以青眼看人就是表示对人的喜爱和尊重。
청안으로 사람을 바라보는 것은 곧 상대에 대한 애정과 존중의 표시이다.

또 사람이 피곤하거나 지쳤을 때, 눈병에 걸렸을 때 흰자위가 빨갛게 충혈되는데, 이렇게 핏발이 선 눈은 '红眼'이라 한다. 중국에서 빨간색은 대체로 긍정의 뜻을 담고 있지만, 红眼은 예외적으로 다른 사람을 시기하거나 질투하는 부정적인 마음을 나타낸다.

红眼
hóngyǎn

시기하다, 질투하다

她经常红眼别人的好事。
그녀는 항상 다른 사람이 잘 되는 것을 질투한다.

눈에 작은 티끌이라도 들어가면 매우 뻑뻑하고 불편한 느낌이 든다. 우리말에 몹시 거슬리는 사람을 가리킬 때 '눈엣가시 같다'고 말하듯, 중국에는 '眼中钉'이란 말이 있다. '눈에 박힌 못'이란 뜻이다. 보기 싫은 대상을 눈에 들어간 무엇인가에 비유하는 것은 양국의 공통된 정서인 것 같다.

眼中钉
yǎnzhōngdīng

눈엣가시, 싫어하는 사람이나 사물

我真不明白他为什么把我看成了眼中钉。
나는 그 사람이 왜 나를 눈엣가시로 보는지 정말 이해할 수가 없다.

예부터 나라를 다스리는 위정자에게 천리안의 지혜는 무엇보다 중요한 덕목이었다. '千里眼'은 근시안과 반대되는 개념으로 먼 곳의 일을 미리 예측하고 대비하는 능력이다. 또한 사람들은 눈으로 볼 수 없는 것은 육안(肉眼)과 구분하여 심안(心眼)이라 부르기도 했다. 중국어로 '心眼'은 사물을 분별하는 능력이나 식견, 사람의 마음씨 등을 나타낸다.

千里眼
qiānlǐyǎn

천리안, 멀리 내다볼 수 있는 식견

金老师消息很灵通，真是一个有千里眼的人啊。
김 선생님은 천리안의 눈을 가진 사람으로 소식이 정말 빠르다.

心眼
xīnyǎn

심안, 식견, 마음씨

她不仅漂亮，而且心眼也很好。
그녀는 예쁜데 마음씨까지 좋다.

그러나 누구나 보는 것을 보는 눈은 좋은 안목이 아니며, 남들이 볼 수 없는 것을 보는 눈이 비로소 좋은 안목이다. 중국어로 안목은 '眼光'이라 한다. 이것은 사물을 제대로 분별하는 능력이다. '眼光'과 호응하는 서술어는 우리말과 비슷하여 안목이 있는 것은 '有眼光', 안목이 없는 것은 '没眼光'라 한다. 또 안목이 높은 것은 '眼光高', 안목이 낮은 것은 '眼光低'와 같이 말한다.

有眼光
yǒuyǎnguāng

안목이 있다, 눈썰미가 있다

这个公司看人才很有眼光。

이 회사는 인재를 보는 안목이 매우 좋다.

没眼光
méiyǎnguāng

안목이 없다

这个人真没眼光。

이 사람은 정말 안목이 없다.

眼光高
yǎnguānggāo

눈이 높다

她找结婚对象眼光太高。

그녀는 결혼상대를 찾는데 눈이 너무 높다.

眼光低
yǎnguāngdī

눈이 낮다

我不怎么想承认，大家都说我的眼光很低。

별로 인정하고 싶지 않지만 사람들은 모두 내가 눈이 너무 낮다고 말한다.

시간은 볼 수도 없고 만질 수도 없다. 그러나 사람들은 이 시간이란 개념을 과거, 현재, 미래로 구분하여 인식한다. 그중, '眼前'과 '眼下'는 '현재'를 나타내는 시간명사다. 직역하자면, 眼前은 '눈앞', 眼下는 '눈 아래'라는 뜻이다. 두 단어는 공간적 개념에서 출발했지만 사실상 시간적 개념을 나타내고 있음을 알 수 있다. 또 眼前과 眼下는 추측이 가능한 가까운 미래를 의미하기도 한다. 시간은 미래를 향해 항상 한 방향으로 흐르며, 가까운 미래는 곧 머지않아 마주할 현재와 같기 때문이다.

眼前
yǎnqián

눈앞, 현재, 가까운 미래

他只考虑眼前的利益而不看将来的发展。

그는 눈앞의 이익만 생각하고 장래의 일은 보지 않는다.

眼下
yǎnxià

눈 아래, 현재, 가까운 미래

眼下，这只不过是推测而已。

현재로선 이것은 단지 추측에 불과하다.

🎧 2-02.mp3

A 今年的圣诞节竟然又是一个人过，我为什么找不到男朋友？

B 是不是因为你的眼光太高了？

A 没有啊，我只要有好看的长相，稳定的工作，很善良很老实的人就可以。
如果再有丰富的幽默感就更好了。

B 亲爱的，这就是所谓的眼光高。

A 이번 크리스마스도 혼자 보내다니. 난 왜 남자친구가 안 생기는 걸까?
B 너 눈이 너무 높아서 그런 건 아니야?
A 아니야. 난 그저 호감 있는 외모에 안정적인 직장이 있고, 착하고 성실하면 돼.
만약 유머감각까지 풍부하면 더 좋고.
B 친구야. 그게 바로 눈이 높은 거란다.

02

손과 손짓의 문화적 의미,

세상에는 참 많은 손이 있다. 옷이고 신발이고 척척 만들어내는 장인의 손, 논밭에 씨를 뿌리고 열매를 거두는 농부의 손, 아무도 생각하지 못한 새로운 세상을 창조해내는 예술가의 손 등 모두 인류 문화를 풍성하게 만들어준 아름다운 손이다. 인간은 비록 신체적으로 많은 약점이 있지만 두 손과 지혜로움의 결합으로 눈부신 문명의 발전을 이룩했다. 인간에게 좋은 손, 아름다운 손이 있다는 것은 분명 큰 축복이 아닐 수 없다.

중국어에서 手는 상징하는 의미가 다양하다. 먼저 손은 사람의 경험과 능력을 나타낸다. 예컨대, 중국어로 초보자는 '新手'이고, 오랜 경험과 지식을 소유한 사람은 '老手'라 한다. 초보자와 숙련가의 차이를 '새로운 것'과 '오래된 것'으로 본 것이다. 그러나 단순히 오래 일했다고 누구나 전문가가 되는 것은 아니다. 진정한 전문가가 되기 위해서는 뼈를 깎는 인내의 시간이 필요하다. 이 훈련의 과정을 넘어 한 분야에서 누구보다 뛰어난 역량을 갖춘 사람은 '高手'라 한다.

新手
xīnshǒu
초보자, 신참

每个人都有新手的时候。
모든 사람은 초보일 때가 있다.

老手
lǎoshǒu
숙련가, 베테랑

他做这个工作20年多了，是个经验丰富的老手。
그는 이 일에 종사한지 20년이 넘은 경험이 풍부한 베테랑이다.

高手
gāoshǒu
고수

我希望在语言方面成为一个高手。
나는 언어 방면에서 고수가 되고 싶다.

손은 사람의 재능과 소질, 능력을 대신하기도 한다. 예컨대, 중국어로 재주꾼, 달인은 '能手' 또는 '好手'라 하며, 다재다능한 사람은 '多面手'라 한다. 또 어떤 조직 안에서 가장 능력 있고 중요한 위치를 맡은 사람은 '一把手'라 한다. 一把手는 1인자를 가리키는 말로, 2인자는 '二把手', 3인자는 '三把手'와 같이 표현한다.

☑ 二把手 [èrbǎshǒu] 2인자　　　　☑ 三把手 [sānbǎshǒu] 3인자

能手
néngshǒu

재주꾼, 달인

他是我们班的数学能手。
그는 우리 반에서 수학 달인이다.

好手
hǎoshǒu

달인, 전문가

他自以为是公司的一把好手。
그는 스스로 자신이 회사의 능력자라 생각한다.

多面手
duōmiànshǒu

만능인, 다재다능한 사람

他没有什么不会做，确实像个多面手啊。
그는 못하는 게 없으니 정말 만능인 같다.

一把手
yìbǎshǒu

제 1인자

成为一个方面的一把手是并不容易的事。
한 분야에서 일인자가 되는 것은 결코 쉽지 않은 일이다.

재능 있는 손, 능력 있는 손을 갖는 것은 결코 쉽지 않다. 때로는 '난 왜 잘하는 것이 하나 없을까'라는 생각으로 미리부터 포기하는 순간도 있지만 실력은 쌓을수록 늘어난다. 우리가 천재라 부르는 모차르트나 아

인슈타인도 사실은 천재이기 전에 엄청난 노력가였고, 일에 대한 열정이 가득 찬 사람이었다. 특별한 손은 그냥 주어지는 것이 아니라 꾸준한 연습과 노력이 있을 때 얻어진다.

有一手
yǒuyìshǒu
능력이 있다, 일가견이 있다

他在美术方面确实有一手。

그는 미술 방면으로 확실히 일가견이 있다.

재능은 혼자만 간직할 때 보다 다른 사람과 함께 나눌 때 더욱 의미 있는 일이 된다. 세상에 자신만을 위해서 연주하는 피아니스트가 없고, 혼자만을 위해서 글을 쓰는 작가도 없다. 수백 권의 저서를 남긴 다산 정약용 선생도 한 권의 책을 저술할 때마다 형 정약전에게 먼저 보여주며 의견을 들었다고 한다. 이처럼 자신의 재능과 솜씨를 다른 사람들 앞에서 한껏 선보이고 자랑하는 것은 '露一手'라 한다.

露一手
lòuyìshǒu
솜씨를 한 수 보여주다, 능력을 보여주다.

他唱歌唱得特别好，让他露一手给我们听听吧。

그는 노래를 정말 잘해요, 우리에게 한번 들려주게 해 주세요.

오랜 시간 동안 훈련의 시간을 겪고 난 뒤에는 자신만의 비법과 기술을 터득하는 순간도 찾아온다. 그러나 이것은 쉽게 얻을 수 없는 노력의 산물이므로 사람들은 만약의 상황을 대비하여 그 비책을 공개하지 않기도 한다. 이처럼 중요한 한 수, 히든카드를 남기는 것은 '留一手'라 한다.

留一手
liúyìshǒu

중요한 한 수를 남기다, 비책을 남겨두다

为了以防万一，你一定得留一手。

만약의 상황을 대비하여 당신은 반드시 비책을 하나 남겨두어야 한다.

손은 재능뿐 아니라 인간 생활의 다양한 모습을 반영하기도 한다. 가령, 앞으로 쭉 내민 손, '伸手'는 누군가에게 경제적인 도움을 청하는 것을 나타내고, 특별한 방향 없이 이리저리 흔드는 손 '挥手'는 '작별 인사하다' 또는 '어떤 단체를 지휘하고 통솔하다'는 뜻이다. 또 '插手'는 남의 일에 이래라 저래라 참견하는 것을 나타내며, '动手'는 '어떤 일을 시작하다'는 뜻과 '다른 사람을 때리거나 손찌검하다'는 뜻을 담고 있다.

伸手
shēnshǒu

손을 내밀다, 도움을 청하다

你到底有什么脸又向父母伸手要钱呢？

넌 도대체 무슨 염치로 또 부모님께 손을 내미는 거냐?

挥手
huīshǒu

손을 흔들다, 지휘하다, 호령하다, 지시하다

他转过身向我挥了挥手。

그는 뒤돌아서서 나에게 손을 흔들었다.

插手
chāshǒu

손을 넣다, 개입하다

不要插手别人的事。

남에 일에 간섭하지 말아요.

动手
dòngshǒu **시작하다, 착수하다, 남을 때리다**

🏷 你在动手之前，多考虑一下。
너는 시작하기 전에 잘 생각해보아라.

손을 잡는 사이는 특별하다. 중국어로 손을 잡는 것은 '手拉手' 또는 '联手'라 하는데, 두 단어는 차이가 있다. 手拉手는 말 그대로 손을 마주 잡는 구체적 행위지만, 联手는 어떤 일을 하는 데 누군가와 힘을 합쳐 서로 협력한다는 뜻이다. 하지만 잡던 손을 놓으면 그것은 관계가 깨어지는 것이다. 따라서 사귀던 남녀가 헤어지는 것은 '分手'이고, 잡았던 물건을 손에서 놓는 것은 '放手'라 한다. '放'은 '포기하다, 내버리다'는 뜻으로, 放手는 본인의 노력과 상관없이 마음대로 얻을 수 없는 어떤 대상을 포기한다는 뜻이 있다. 특히 연인 관계에서 상대방을 감정적으로 놓아준다, 포기한다고 말할 때 放手를 쓰는 경우가 많다.

手拉手
shǒulāshǒu **실제 손을 잡는 행위 = 手牵手**

🏷 每天早上我跟妻子手拉手在公园散步。
나는 매일 아침 아내의 손을 잡고 공원을 산책한다.

联手
liánshǒu **서로 손을 잡다, 협력하다**

🏷 我决定跟朋友联手做生意。
나는 친구와 손잡고 사업 하기로 결심했다.

남녀가 헤어지다, 이별하다

他去年跟女朋友分手了。
그는 작년에 여자친구와 헤어졌다.

손을 놓다, 포기하다

因为我很爱她，我选择了放手。
나는 그녀를 사랑했기 때문에 손을 놓아주었어요.

중국에서는 사람의 행동이나 거동을 말할 때도 손과 발을 인용한다. 예컨대, '手忙脚乱'은 하는 일이 두서가 없고 정신이 없음을 나타내며, '笨手笨脚'는 사람의 행동이 느리고 굼뜬 것을 표현한다. 동작이 빠르건 느리건 간에 두 단어는 모두 부정적인 어감이 담겨있다. 또 '大手大脚' 는 돈을 물 쓰듯 쓰고 낭비벽이 심한 사람을 가리킨다. 우리는 인심이 후 하고 넉넉한 것을 표현할 때도 '손이 크다'는 말을 하지만 大手大脚는 우리처럼 긍정의 뜻은 없다.

동작이 느리고 굼뜨다

我老公做饭时笨手笨脚的，把厨房搞得一团乱遭。
우리 남편은 요리할 때 솜씨가 서툴러서 주방을 난장판으로 만든다.

일 처리가 두서없고 정신이 없다

我从来没做过这种事，所以一直手忙脚乱。
나는 이런 일을 한번도 해 본적이 없어서, 계속 정신이 하나 없었다.

大手大脚
dàshǒudàjiǎo
씀씀이가 헤프다

她花钱总是大手大脚的。
그녀는 씀씀이가 항상 헤프다.

최근 중국에서도 알뜰하고 똑똑한 '二手' 구매가 증가하고 있다. '二手'는 신상품이 아니고 다른 사람이 사용했던 '중고 물품'을 가리킨다. 고가의 상품 일수록 중고 구매가 많기 때문에 중고차는 '二手车'이며, 중고 주택은 '二手房'라 한다. 하지만 아무리 공짜라 해도 받기 싫은 것이 있으니, 바로 '二手烟'이다. 二手烟은 2차적 흡연이란 뜻으로 흡연자 주변에서 어쩔 수 없이 담배 연기를 마셔야 하는 간접흡연을 가리킨다.

二手车
èrshǒuchē
중고차

我最近准备要买二手车。
요즘 난 중고차를 사려고 준비하고 있다.

二手房
èrshǒufáng
중고 주택

这虽然是二手房，但是房价也不便宜。
이 집은 중고 주택인데도 집값이 싸지 않다.

二手烟
èrshǒuyān
간접흡연, 2차 흡연

为了防止二手烟的危害，政府设置了禁烟区域。
간접흡연의 피해를 막기 위해, 정부는 금연구역을 설치했다

마지막으로 '痒痒'은 어떤 일이 몹시 하고 싶어서 참기 어려운 심리상
태를 나타낸다. 예컨대, 어떤 일이 너무 하고 싶어서 손이 근질근질한 것
은 '手痒痒'이라 하며, 발이 근질근질한 것은 '脚痒痒'라 말한다. 또 한
자리에 진득하게 앉아있지 못하고 엉덩이를 들썩거리는 것은 '屁股痒
痒', 어떤 말이 하고 싶어서 입이 근질근질 한 것은 '嘴痒痒'라 한다. 마
음이 들떠 초조하고 안절부절못하는 상태를 '간지럽다'고 말하는 것은 우
리말 표현과 같다.

- ⊘ 脚痒痒 [jiǎoyǎngyǎng] 발이 근질근질하다
- ⊘ 屁股痒痒 [pìgǔyǎngyǎng] 엉덩이가 근질근질하다
- ⊘ 嘴痒痒 [zuǐyǎngyǎng] 입이 근질근질하다

手痒痒
shǒuyǎngyǎng
손이 근질근질하다

好几天没有打游戏了，所以我的手痒痒的。
요 며칠 게임을 안 했더니, 손이 아주 근질근질하다.

🎧 2-04.mp3

A 昨天青青一直夸你做菜有一手呢。

B 哈哈，我只是从小开始就对做菜有兴趣。

A 如果你不介意的话，能不能为我露一手呢？

B 当然没有问题。这周你来我家，我给你做好吃的。

A 哇塞，太高兴了，我怎么才知道你是做菜高手呢！

A 어제 칭칭이가 네 요리 솜씨가 뛰어나다고 계속 칭찬하더라.
B 하하, 그냥 어렸을 때부터 요리하는 걸 좋아했어.
A 만약 괜찮다면 나를 위해 실력 발휘할 생각 없어?
B 당연히 괜찮지, 이번 주 우리 집에 와, 맛있는 거 해줄게.
A 우와, 신난다. 네가 요리 고수인 걸 어떻게 이제야 알았지!

03

체면, 중국인의 또 다른 얼굴,

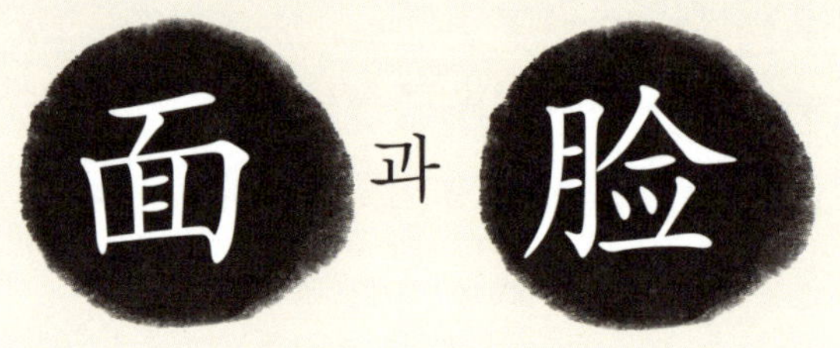

체면이란 상대방을 세워주는 배려이며 동시에 나를 지키는 최소한의 자존심이다. 백전백승을 이어가던 항우도 마지막 전쟁에서 유방에게 참패하자 고향으로 돌아갈 면목이 없다며 스스로 목숨을 끊었다. 때로는 죽는 한이 있어도 지키고자 하는 것이 중국인의 체면인 것이다. 따라서 중국사람을 대할 때 지나치게 합리를 따지면 오히려 역효과가 생기는 경우가 있다. '面'은 얼굴 가운데 큰 눈이 연상되는 상형문자로 뒤에 '子'가 붙으면 체면이란 뜻의 '面子'가 된다. 중국에서 좋은 관계를 만들기 위해서 반드시 알아야 할 핵심키워드이다.

중국사람은 나와 상관없는 일에는 냉정할 만큼 무관심하지만 한 번 관계를 맺은 사람에게는 한없이 마음을 연다. 일상적인 관계 속에서도 가까운 사람은 '自己人', 그 밖의 사람은 '外人'으로 구분 지을 정도다. 이러한 인간관계는 생활 깊숙이 퍼져있어서 연줄만 있으면 원래는 안 되는 일도 쉽게 해결되는 경우가 많다. 사실 중국의 '关系'문화는 그들의 체면과 관련이 있다. 나와 관계 있는 사람의 일을 돕는 것은 상대뿐 아니라 본인의 체면을 함께 세우는 중요한 일이라 생각하기 때문이다.

⊘ 自己人 [zìjǐrén] 나의 사람　　⊘ 外人 [wàirén] 남, 타인
⊘ 关系 [guānxì] 연줄, 관계

爱面子 àimiànzi
체면을 중요하게 생각하다

中国人一般很爱面子。
중국사람들은 일반적으로 체면을 매우 중요하게 생각한다.

看面子 kànmiànzi
체면을 보다

看你的面子，我就答应下来了这件事。
당신 얼굴을 봐서 이 일을 허락하는 겁니다.

给面子 gěimiànzi
체면을 세워주다

你为什么不给我一点面子呢？
당신은 왜 내 체면은 전혀 생각해 주지 않는 거죠?

중국에서 체면을 나타내는 글자는 面 외에도 '脸'이 있다. 脸은 기본적으로 '얼굴', '표정'을 나타내지만, 面과 마찬가지로 남을 대하기 떳떳한

마음, 부끄러운 마음을 표현하기도 한다. 따라서 면목이 서는 얼굴은 '有脸'이고, 면목 없고 부끄러운 얼굴은 '没脸'또는 '丢脸' 이라 한다

有脸
yǒuliǎn
체면이 서다

儿子考上了好大学，父母也有脸。
아들이 좋은 대학교에 입학해서 부모도 체면이 선다.

没脸
méiliǎn
면목이 없다, 염치가 없다, 부끄럽다

我觉得这是没脸见人的事。
나는 이것은 남들에게 염치없는 일이라 생각한다.

丢脸
diūliǎn
망신을 당하다, 창피하다

当时我在朋友们面前丢脸了。
그때 나는 친구들 앞에서 망신을 당했다.

우리가 부끄러움과 염치를 모르는 사람을 '얼굴이 두껍다'고 말하듯, 중국사람들도 얼굴의 두께로 성격이나 품성을 표현한다. 즉, '脸皮厚'는 얼굴 가죽이 두꺼운 것으로 염치없고 뻔뻔한 사람을 가리키며, 반대로 '脸皮薄'는 소심하고 낯가림이 심한 사람을 나타낸다.

脸皮厚
liǎnpíhòu
얼굴이 두껍다, 뻔뻔하다

他脸皮厚，动不动就向朋友借钱。
그는 얼굴도 두껍지, 걸핏하면 친구에게 돈을 빌린다.

脸皮薄
liǎnpíbáo
낯가죽이 얇다, 부끄러움을 잘 탄다

有些人脸皮很薄，经不住批评。
어떤 사람들은 얼굴이 두껍지 못해서 비판을 견디지 못한다.

앞서 살폈듯, '面'과 '脸'은 기본적으로 비슷한 뜻을 가졌지만 약간의 차이가 있다. 먼저 脸은 어감상 부정적인 얼굴을 나타내는 경우가 많다. 예컨대, 평상시에는 잘 지내다가 갑자기 태도와 얼굴빛이 바뀌는 사람은 '翻脸'이라 하고, 얼굴이 남자답지 못하고 하얗고 곱상하게 생긴 남자는 '小白脸'이라 한다. 또 초라하고 볼품 없는 얼굴은 '嘴脸'라 한다. 이는 우리말의 '상판때기', '낯짝'과 같이 사람의 얼굴을 속되게 부르는 표현이다.

翻脸
fānliǎn
갑자기 얼굴빛이 변하다, 불쾌한 얼굴을 하다

不要跟动不动就翻脸的人交朋友。
걸핏하면 낯이 변하는 사람과는 친구로 사귀지 마라.

小白脸
xiǎobáiliǎn
곱상한 외모를 가진 남자, 미소년

不要相信那个小白脸的甜言蜜语。
저 미소년이 말하는 달콤한 말을 믿지 말아요.

嘴脸
zuǐliǎn
몰골, 상판때기, 낯짝

我认清他的丑恶嘴脸了。
나는 그의 추악한 몰골을 확실히 알고 말았다.

또 脸은 추상적이지 않고 구체적인 얼굴을 나타낸다. 따라서 중국사람들은 사람의 얼굴형을 표현할 때, 面보다는 脸을 쓴다. 즉, 해바라기씨처럼 턱선이 뾰족한 얼굴은 '瓜子脸'이라 하고, 사각형 모양으로 각진 얼굴은 '国字脸' 또는 '方脸'이라 한다. 또 보름달처럼 동글동글하고 귀여운 얼굴은 '圆脸', 거위 알처럼 갸름한 얼굴은 '鹅蛋脸'이라 한다. 그 중 '瓜子脸'은 중국 여성이 가장 선호하는 미인형 얼굴로 판빙빙(范冰冰)이나 장바이즈(張柏芝) 등이 대표적이다.

- 国字脸 [guózìliǎn] 각진 얼굴
- 圆脸 [yuánliǎn] 보름달형 얼굴
- 方脸 [fāngliǎn] 네모난 얼굴
- 鹅蛋脸 [édànliǎn] 달걀형 얼굴

瓜子脸
guāzǐliǎn

브이형 얼굴, 미인형 얼굴

她是个瓜子脸，白皮肤的美女。
그녀는 브이형 얼굴에 하얀 피부를 가진 미인이다.

반면, 面은 脸보다 추상적이고, 문어적인 느낌이 강하다. 예컨대, '세수를 하다'의 회화적 표현은 '洗脸'이지만, 문어적 표현은 '洁面'이다. 또한 사자성어는 본래 문어적 성격이 강한 어휘로 성어 안에서 얼굴을 가리킬 때는 일부를 제외하고 대개 面을 쓴다. 따라서, 글만 읽어서 세상 경험 없고 얼굴색이 하얀 선비는 '白面书生'이라 하고, 사람의 얼굴을 하고 있으나 마음은 짐승처럼 흉악하고 추잡스러운 것은 '人面兽心'이라 한다.

- 洗脸 [xǐliǎn] '세수하다'의 회화적 표현
- 洁面 [jiémiàn] '세수하다'의 문어적 표현

白面书生
báimiànshūshēng

백면서생, 샌님

他真是只会看书的白面书生。
그는 정말 글만 읽을 줄 아는 백면서생이다.

人面兽心
rénmiànshòuxīn **인면수심,**
사람의 탈을 쓴 짐승

这个事情表明他是个人面兽心的家伙。
이 사건은 그 사람이 인면수심의 인간이란 걸 보여준다.

중국에는 '脸蛋', '面孔', '容貌', '面目' 와 같이 사람의 얼굴, 용모, 생김새를 가리키는 단어가 많다. 그중 面目는 회화에서는 잘 쓰지 않지만 사자성어 안에서 '사람의 얼굴' 또는 '사물의 모습'을 표현할 때 자주 쓰인다. 대표적인 예로, '本来面目'는 본래의 모습, 진면목을 뜻하고, '面目一新'는 모양이 아주 새롭게 변한 것을 나타낸다.

面目 [miànmù] 생김새, 얼굴

本来面目
běnláimiànmù **본래의 모습, 진면목**

他终于开始暴露出本来面目。
그는 결국 본심을 드러내기 시작했다.

面目一新
miànmùyìxīn **모양이 아주 새롭게 되다**

几年后再看到的他完全是面目一新。
몇 년 후 다시 본 그의 모습은 완전히 달라져 있었다.

중국사람들은 얼굴색으로 사람의 품성을 나타내기도 한다. 이는 경극에서 배우의 얼굴을 붉은색, 하얀색, 검은색으로 분장하여 극중 선한 인물과 악인을 구분하던 것에서 유래한다. 먼저, 붉은색 얼굴인 '红脸'은 충신, 열사와 같이 세상에서 존경 받고 덕망이 높은 사람을 가리킨다. 삼

국지의 관우가 红脸의 대표적 인물이다. 반면, 겉으로는 좋은 척 하지만 실상 마음엔 독을 품고 악을 행하는 사람은 '白脸'라 한다. 교활한 계략과 속임수를 일삼았던 조조가 하얀 얼굴의 상징이다. 마지막으로, 黑脸은 겉으론 엄격하고 무서워 보이지만 부정부패에 맞서 공정하고 바른 판단을 내리는 정의로운 사람을 나타낸다. 중국에서 검은색은 본래 부정적인 색이지만 경극에서 黑脸이 긍정적 인물로 그려지면서 하얀 얼굴과 상반되는 이미지가 되었다. 한때 우리나라에서도 인기 있었던 중국 드라마 〈판관 포청천〉에서 포청천의 검은 얼굴을 떠올릴 수 있다.

红脸
hóngliǎn

좋은 사람, 긍정적 인물

你愿意唱红脸，就去唱吧!
좋은 사람인 양 나서고 싶으면 너 알아서 해라.

白脸
báiliǎn

겉과 속이 다른 사람, 부정적 인물

曹操就是白脸的象征人物。 조조는 하얀 얼굴의 상징적 인물이다.

黑脸
hēiliǎn

교활한 사람, 공정하고 바른 판단을 내리는 사람

你不要唱黑脸了，这样对我没用。
괜히 무서운 척 하지 말아요. 그래 봐야 아무 소용 없어요.

A 听说你这次在中国开始做生意了!

B 是的，但是我不怎么了解中国文化。有没有什么需要注意的地方？

A 中国人很注重面子。所以在跟人家交往中不能让客戶或者自己的职员丢了面子。

B 好的，在这方面我还是要多多注意啦。

A 너 이번에 중국에서 사업을 시작했다며!

B 응, 근데 내가 중국 문화를 그다지 잘 몰라서 말이야. 주의해야 할 부분이 있을까?

A 중국사람들은 체면을 정말 중시해. 그래서 사람들과 교제하면서 손님이나 직원의 체면을 깎으면 안 돼.

B 알았어, 그 부분은 정말 주의해야겠다.

04

🎧 2-07.mp3

상대를 이해하는 첫걸음, 경청

때로는 말 잘 하는 것보다 듣는 것이 더 중요할 때가 많다. 그런데 사람들은 정작 잘 듣는 법에 대해서는 관심이 많지 않은 것 같다. 남의 말은 귀담아 듣지 않으면서 '내 말 잘 들어라', '내가 다 해 봐서 안다'면서 자기 생각만 고집하면 어떻게 될까? 보나마나 고집불통에 소통 안 되는 '꼰대'로 찍히기 십상이다. 신은 우리에게 하나의 입과 두 개의 귀를 주셨다. 상대를 이해하는 첫걸음은 말로써 남을 가르치는 것이 아니라 경청하는 두 개의 귀를 갖는 것이다.

귀는 세상을 이해하고, 지식을 획득하는 데 매우 중요한 감각기관이다. 고대 중국에서 귀는 '耳'로 표현했지만 현대로 오면서 2음절 단어 '耳朵'가 되었다. 귀는 얼굴의 양 옆쪽에 위치하는 특징 때문에 옛날 중국사람들은 가운데를 중심으로 양 옆에 있는 방은 '耳房'이라 했고, 옆쪽으로 낸 문은 '耳门'이라 불렀다. 또 목이버섯은 그 생김이 마치 나무의 귀와 비슷하다고 해서 중국어로 '木耳'이라 한다.

⊘ 耳房 [ěrfáng] 양 옆의 작은 방 ⊘ 耳门 [ěrmén] 옆 문

耳朵
ěrduo
귀

每个人的耳朵大小都不同。
사람마다 귀 크기는 모두 다르다.

木耳
mù'ěr
목이버섯

没有木耳，也可以放香菇。
목이버섯이 없으면 표고버섯을 넣어도 됩니다.

그렇다면 귀가 좋고 나쁨은 어떻게 말할까? 중국어로 귀가 밝고 예민한 것은 '耳朵尖'이고, 귀가 어두워 잘 듣지 못하는 것은 '耳背'라 한다. 이때, '尖'은 '날카롭고 뾰족하다'는 뜻이고, '背'는 '등지다'는 뜻으로 청력이 좋고 나쁨을 표현한다. 耳朵尖, 耳背는 비유적으로 어떤 소식이나 정보에 빠르거나 느림을 나타내기도 한다.

⊘ 尖 [jiān] 날카롭다, 뾰족하다 ⊘ 背[bèi] 등지다, 반대 방향으로 향하다

耳朵尖
ěrduojiān

因为她耳朵尖，所以有一点声音就会醒。
그녀는 귀가 너무 예민해서 조그만 소리에도 잠이 깬다.

耳背
ěrbèi

爷爷有点耳背，跟他说话要大声点。
할아버지는 귀가 좀 어두우셔서 큰 소리로 말해야 한다.

좋은 관계를 쌓으려면 상대의 말을 경청하고 공감하는 자세가 중요하다. 하지만 그렇다고 사람이 줏대 없이 남의 말을 무조건 다 믿고 따라 해서도 안 된다. 중국에서는 이런 사람을 '耳朵软'이라 한다. 직역하면 '귀가 부드럽다'는 뜻으로 우리말로 '귀가 얇다'는 표현과 비슷하다. 또 중국사람들은 옆 사람에게 귓속말하는 모습은 '咬耳朵'라 한다. 이는 그 모습이 마치 귀를 깨무는 모양과 비슷하다고 하여 생긴 표현이다.

耳朵软
ěrduoruǎn

他耳朵很软，人家说什么，他就信什么。
그는 귀가 너무 얇아서 남들이 하는 말이면 모두 다 믿는다.

咬耳朵
yǎo'ěrduo

有话就大声点说，不要咬耳朵。
할말 있으면 큰 소리로 해, 귓속말 하지 말고.

한자로 날것은 '生'이고, 익은 것은 '熟'라 한다. 즉, 생숙(生熟)이란 미숙하고 익숙한 것을 아우르는 말이다. 따라서 중국사람들은 귀에 생소한 소리는 '耳生'이라 하고, 반대로 익숙한 소리는 '耳熟'라 한다. 같은 이치로 어떤 사람이나 사물을 자주 보아서 낯이 익는 것은 '面熟', 본 기억이 없어 낯이 서는 것은 '面生'이라 한다. 또 어떤 기술이 손에 익어서 숙련된 것은 '手熟', 손에 익지 않고 서툰 것은 '手生'라 한다.

- ◎ 面熟 [miànshú] 낯익다
- ◎ 面生 [miànshēng] 낯설다
- ◎ 手熟 [shǒushú] 기술이 숙련되다
- ◎ 手生 [shǒushēng] 손에 익지 않다, 서툴다

耳熟
ěrshú

귀에 익다, 귀에 익숙하다

那首歌听起来耳熟，但是想不起歌名。
그 노래는 귀에 익은데 노래 제목은 기억이 안 난다.

耳生
ěrshēng

귀에 설다, 귀에 생소하다

多年不见，听你的声音都觉得有点耳生。
여러 해 보지 못했더니 너의 목소리도 낯설게 느껴진다.

소는 귀에 경을 읽어주어 봤자 그 말을 이해하지 못하고, 말은 따뜻한 봄바람이 불어도 그것을 알아채지 못한다. 우이독경(牛耳讀經), 마이동풍(馬耳東風)은 우리도 자주 쓰는 사자성어로, 어리석은 사람은 아무리 좋은 충고와 권유의 말을 해 주어도 귀담아 듣지 않는다는 뜻이다. 중국에는 이와 비슷한 표현으로 '耳旁风'란 말도 있으니 '남이 하는 말을 한 귀로 듣고 한 귀로 흘려 보낸다'는 뜻이다.

耳旁风
ěrpángfēng

귀 밖으로 듣다, 마이동풍, 우이독경

我总是劝他说戒烟，他就当耳旁风。
나는 항상 그에게 담배를 끊어보라고 권해 보지만, 그는 한 귀로 듣고 흘려버린다.

사람은 누구나 칭찬하는 말, 듣기 좋은 말을 들으면 기분도 즐거워진다. 중국어로 듣기 좋은 소리는 '悦耳'이고, 귀에 거슬리는 소리는 '刺耳'이다. 하지만 듣기 좋다고 모두 좋은 말이 아니고 날카롭다고 모두 나쁜 말은 아니다. 지혜로운 자는 날카롭고 쓴 조언에도 귀 기울이는 '侧耳'의 귀를 가진 사람이다.

悦耳
yuè'ěr

듣기 좋다

这首歌真是悦耳动听啊!
이 노래는 정말 듣기 좋다!

刺耳
cì'ěr

귀에 거슬리다

他这句话让我感到很刺耳。
그의 한마디는 내 귀를 몹시 거슬리게 했다.

侧耳
cè'ěr

귀를 기울이다, 남의 말을 잘 듣다

大家都侧耳倾听校长的讲话。
사람들은 모두 교장선생님의 말씀을 귀 기울여 듣고 있다.

A　你又喝咖啡啊？今天都第几杯了？

B　不喝咖啡我什么都做不了。

A　最近你不是失眠吗？先减减咖啡的量吧。

A　好的好的，让我先把这杯喝完。

B　你总是把我的话当耳旁风啊。

A 또 커피야? 오늘 벌써 몇 잔째 마시는 거야?

B 커피를 안 마시면 아무것도 못 하겠어.

A 너 요즘 불면증 있지 않아? 먼저 커피부터 좀 줄여보지 그래.

B 알겠어. 이거 한 잔만 더 마시고.

A 넌 항상 내 말을 한 귀로 듣고 흘려버리지.

🎧 2-09.mp3

생명의 통로, 소통의 통로

'口'는 사람이 입을 벌리고 있는 모습을 그린 대표적인 상형문자로, '음식이나 먹이를 섭취하는 기관'이란 뜻이다. 그런데 실제 口와 관련한 단어를 보면, 직접적으로 입을 가리키는 단어보다 말하는 것, 언어와 관련한 어휘가 많다. 입은 음식을 먹고 생명을 유지하는 신체기관이면서 동시에 사람과 사람을 이어주는 소통과 공감의 통로이기 때문이다. 또 입은 코와 함께 우리 몸의 중요한 호흡기관이며, 음식의 맛을 느끼고 소화를 돕는 곳이기도 한다. 입으로 하는 일은 뭐 하나 중요하지 않은 것이 없다. 중국어에서 口가 갖는 의미는 입의 기능 만큼이나 다양하다.

　음식이 풍족하지 않았던 시절, 한 집에서 입이 하나 더 늘고 주는 것은 중요한 문제였다. 일찍이 우리나라는 한 집에서 함께 밥을 나누어 먹는 가족은 남과 구분하여 식구(食口)라 했고, 중국도 예전에는 가족을 '家口'라 불렀다. 또 입이 늘었다는 것은 곧 '人口'가 늘었다는 뜻으로 예부터 중국은 인구의 동향과 수를 파악할 때 가족의 '戶口'를 살폈다. 가족 구성원을 셀 때, 口를 양사로 하여 "我家有四口人。(우리 가족은 4명입니다)"와 같이 말하는 것도 같은 이치다. 특히, 가족 중에서도 부부는 따로 떼어 '两口子'라 부르기도 한다.

人口 인구
rénkǒu

中国的人口超过10亿是很久以前的事了。
중국 인구가 10억을 넘은 것은 오래 전 일이다.

戶口 호구
hùkǒu

政府在全国范围内进行了戶口调查。
정부는 전국적으로 호구조사를 실시했다.

两口子 부부 두 사람, 내외
liǎngkǒuzi

他们两口子感情很好，从来不吵架。
그들 부부는 사이가 매우 좋아서 여태 말다툼을 한 적이 없다.

　우리는 말로 자신의 마음을 표현하고, 상대의 마음을 헤아린다. 아무리 가까운 사이도 말하지 않으면 알 수 없는 것이 사람의 마음이다. 그러나 그 말은 항상 신중해야 한다. 말 한마디에 천냥빚을 갚기도 하지만 입을 잘못 놀리면 큰 낭패를 볼 수 있기 때문이다. 따라서, 말을 하는데도 기술이 필요하다. 중국사람들은 말 솜씨가 뛰어난 사람, 좋은 입담을 가진 사람을 '口才'가 있다고 말한다.

口才
kǒucái

말재주, 입담

口才对一个政治家而言是很重要的能力。
말재주는 정치가에게 아주 중요한 능력이다.

그러나 복잡한 인간관계 속에서 때로는 의도치 않게 구설(口舌)에 빠지는 경우가 있다. '口舌'란 입(口)과 혀(舌)를 가리키는 글자로 '말'로 생기는 오해, 시비, 언쟁을 가리킨다. 즉, '口舌是非'는 말로 생긴 시빗거리, 구설거리를 뜻하고, '口舌之争'는 말다툼, 언쟁을 뜻한다. 세치 혀를 함부로 놀리면 누군가에게 씻을 수 없는 상처를 남길 수 있다. 공연한 말로 남에게 원망 사는 일은 없어야 한다.

口舌
kǒushé

말다툼, 언쟁

经过两个小时的口舌之争，他们终于达成了协议。
두 시간 동안의 언쟁 끝에 그들은 결국 합의를 보았다.

이 밖에도, 실속없이 반복적으로 하는 말, 입버릇 같은 말은 '口头禅'이고, 사람의 말투는 '口气'라고 한다. 같은 말이라도 누가 어떤 어투로 말하느냐에 따라 설득의 힘이 달라진다. 또 사람은 말과 행동에 있어 누구나 실수할 수 있는데, 중요한 건 실수 후의 행동이다. 만약, 누군가에

게 의도치 않은 실수를 했다면, 입을 빌려 구차하게 늘어놓는 '借口'가
아닌 마음을 담은 진심 어린 사과가 필요하다.

口头禅
kǒutóuchán

말버릇, 실속 없는 말

"随便"就是她的口头禅。 "네 마음대로 해"는 그녀의 말버릇이다.

口气
kǒuqì

입의 기운, 말투

她叹了一口气，然后继续说下去。
그녀는 한숨을 한번 쉬고 계속 이어 말했다.

借口
jièkǒu

핑계를 대다

他每次迟到的时候，都找这样那样的借口。
그는 매번 지각을 할 때마다 이런 저런 핑계를 댄다.

수많은 사람들과 소통하며 살아가는 현대 사회에서 가까이 하기보다
거리를 두는 것이 나은 사람이 있다. 한 입 가지고 두 말하는 사람, 달콤
한 말을 하지만 속으로는 나쁜 마음을 품고 있는 사람, 없는 사실까지 보
태 상대를 깎아 내리는 사람이 그렇다. 이렇게 겉과 속이 다른 사람을 중
국어로 '口是心非' 또는 '口蜜腹劍'라 한다.

口是心非
kǒushìxīnfēi

겉과 속이 다르다, 말과 생각이 다르다.

我真讨厌口是心非的人。 나는 겉과 속이 다른 사람을 정말 싫어한다.

口蜜腹剑
kǒumìfùjiàn

달콤한 말을 하지만 속으론 칼을 품고 있다
구밀복검

你小心那个人，他是个口蜜腹剑的人。
너 그 사람 조심해라. 웃으면서 말하지만 마음속에 칼을 품은 사람이야.

입으로 숨을 들이마시는 것을 '받아들임'이라 한다면 숨을 내쉬는 것은 '내보내기'이다. 공기가 입을 통해 들고 나가듯, 口는 사람이나 물건이 들고 나가는 통로를 나타낸다. 따라서 사람이나 물체가 들어가는 곳은 '入口'라 하며, 나가는 곳은 '出口'라 한다. 또, 집이나 건물로 들고 나가는 현관은 '门口'이며, 배가 들고 나가는 항구는 '港口', 은행이나 매표소에서 돈이나 물건을 주고 받을 수 있게 조그맣게 만든 창은 '窗口'라 한다.

入口
rùkǒu

입구, 수입하다

会场入口挤满了人。
회의장 입구가 사람들로 북적인다.

出口
chūkǒu

출구, 수출하다

请问，出口在哪里？
실례하지만 출구가 어디인가요?

门口
ménkǒu

입구, 현관

他站在学校门口等同学。
그는 학교 입구에서 친구를 기다리고 있다.

港口
gǎngkǒu — 항구

釜山既是文化中心也是韩国最大的港口城市。
부산은 문화의 중심이자 한국에서 가장 큰 항구도시이다.

窗口
chuāngkǒu — 창구

你在3号窗口可以买票。
3번 창구에서 표를 살 수 있습니다.

위와 입이 만난 '胃口'는 사람의 식욕과 입맛을 나타내기도 한다. 즉, 어떤 음식이 맛있게 느껴지는 것은 '合胃口'이고, 식욕이 생기지 않는 것은 '没胃口'라 한다. 혹은 너무 자주 먹어서 더 이상 먹기 힘들 정도로 질린 것은 '倒胃口'이다. 또 사람은 감정과 기분에 따라 식욕이 좋아지기도 하고 없어지기도 하기 때문에 胃口는 육체적으로 느끼는 식욕, 입맛뿐아니라 어떤 일에 대해 감정적으로 느끼는 관심과 흥미를 표현하기도 한다.

合胃口
héwèikǒu — 음식이 입맛에 맞다, 마음에 들다

这道菜合你的胃口吗?
이 음식이 당신 입맛에 맞습니까?

没胃口
méiwèikǒu — 입맛이 없다, 어떤 일에 대해 흥미가 없다

我感冒了，所以最近没胃口。
나 감기가 걸려서 요즘 입맛이 없어요.

倒胃口
dǎowèikǒu

🏷 我一见到他就倒胃口。
난 그 사람만 보면 비위가 상한다.

마지막으로 口는 사물이 손상되거나 파손된 것을 나타내기도 한다. 즉, 살갗이 찢어지거나 다친 부분을 '伤口'라 하고, 어떤 사물의 흠집이나 결함은 '缺口'라 한다.

伤口
shāngkǒu

상처

🏷 再过几天伤口自然会好的。
며칠 더 지나면 상처는 자연히 좋아질 거예요.

缺口
quēkǒu

결함, 흠

🏷 这是新买的桌子，但是在边上有一个缺口。
이건 새로 산 책상인데 가장자리에 흠이 하나 있어요.

A 已经中午了，我们去吃饭吧。

B 这份报告截止到明天就要上交了，我现在连吃饭的时间都没有。

A "人是铁，饭是钢"，吃了饭才有力气工作啊。

B 最近压力比较大，实在没有胃口吃饭。

A 벌써 점심시간이네. 우리 밥 먹으러 가자.
B 이 보고서를 내일까지 제출해야 해서 전 지금 점심 먹을 시간도 없어요.
A 금강산도 식후경인데, 밥을 먹어야 일할 기운도 나지.
B 요즘 스트레스가 너무 심해서, 진짜 입맛이 없어요.

⊘ 人是铁，饭是钢。 [rénshìtiě, fànshìgāng] 사람이 무쇠라면, 밥은 강철이다.
　　　　　　　　　　　　　　　　　　　　　　사람은 밥을 먹어야 힘이 난다.

06

마음이 움직이는 곳,

> "心不在焉，視而不见，听而不闻，食而不知其味。"
>
> 마음이 있지 않으면
> 아무리 좋은 것을 보아도 눈에 들어오지 않고,
> 아무리 좋은 소리를 들어도 들리지 않으며,
> 아무리 좋은 음식을 먹어도 그 맛을 알지 못한다.
>
> — 공자 《예기(禮記)》

세상 모든 일은 마음 먹기에 달렸다. 같은 것을 보고, 듣고, 경험하여도 저마다 다르게 말하고, 다르게 느낄 수 있다. 문제는 사물의 현상과 환경이 아니라 그것을 받아들이는 각자의 마음, 생각의 차이이다.

　고대 중국인들은 사람의 마음이 머리가 아닌 심장에 있다고 생각했다. 이것은 서양도 다르지 않아서 영어로 심장을 뜻하는 'heart' 역시 사람의 마음과 생각을 표현한다. 따라서 심장을 본 뜬 글자 心안에는 인간의 다양한 감정이 녹아있다. 예컨대, 사랑은 '爱心'이고, 자기 행위에 대해 옳고 그름을 아는 양심은 '良心', 양심이 빠진 마음은 '亏心'이라 한다. 이 밖에도, 충성하는 마음은 '衷心', 사사로운 이기심은 '私心', 야심은 '野心', 호기심은 '好奇心'이라 한다.

⊘ 衷心 [zhōngxīn] 충심 ⊘ 私心 [sīxīn] 이기심, 사심
⊘ 野心 [yěxīn] 야심 ⊘ 好奇心 [hàoqíxīn] 호기심

爱心
àixīn

사랑하는 마음

她是一个对所有人都充满爱心的人。
그녀는 모든 사람에게 사랑이 가득한 사람이다.

良心
liángxīn

선량한 마음, 양심

这个人就是为了小小的利益，出卖了自己的良心。
이 사람은 사사로운 이익 때문에 자기 양심을 팔아먹었다.

亏心
kuīxīn

양심에 어긋나다

我从未做过什么亏心事。
나는 여태까지 양심에 어긋나는 일은 하지 않았다.

또 중국사람들은 마음의 속성을 특정 색으로 비유해서 표현한다. 가령, 음흉하고 검은 마음은 '黑心'이라 하고, 의기소침하고 우울한 마음은 '灰心'이라 한다. 灰心은 무엇을 하고자 하는 열정이나 의지가 회색 빛 재처럼 사그라진 상태로 의욕상실과 무기력한 마음을 나타낸다. 이와는 반대로 뜨겁게 불타는 마음, 충성하는 마음은 '红心'이라 한다.

黑心
hēixīn

나쁜 마음, 흑심

我真不敢相信这个黑心作坊的商品。
나는 정말 이 악덕 공장의 상품은 믿을 수가 없다.

灰心
huīxīn

낙담하다, 의기소침하다

不要那么灰心了，还有希望呢。
너무 낙담하지 마, 아직 희망이 있잖아.

红心
hóngxīn

충성하는 마음

他一辈子为祖国献出了一颗红心。
그는 평생을 조국을 위해 충성을 바쳤다.

중국은 오랫동안 유교 사상의 영향으로 신체를 중요하게 생각했다. 그래서 유독 몸의 일부를 가지고 인간의 모습과 생활을 비유한 어휘가 많은데 心도 그중의 하나다. 예컨대, '심장과 눈', '심장과 머리'가 만난 '心眼儿'과 '心头'는 사람의 마음씨, 마음속을 나타내고, '심장과 배'가 만난 '心腹'는 가장 믿을 수 있는 사람, 없어서는 안 되는 중요한 사람을 가리킨다. 중국에서 심복은 원래 긍정의 의미였지만, 지금은 '심복을 심다', '심복을 만들다'는 말처럼 마음 놓고 일을 부릴 수 있는 부하나 조수란 뜻으로 쓰기도 한다.

心眼儿
xīnyǎnr
마음씨, 판단력과 식견

他看起来很严格，但其实是个心眼儿很好的人。
그는 보기에는 엄격해 보이지만 마음이 좋은 사람이다.

心头
xīntóu
심장과 머리, 마음속

我和朋友分开后，深深的思念涌上了心头。
나는 친구와 헤어진 후에 깊은 그리움이 북받쳐 올라왔다.

心腹
xīnfù
가슴과 배, 심복, 측근

我们都知道他是经理的心腹。
우리는 그 사람이 사장의 심복이라는 것을 모두 안다.

사람은 저마다 성격이 다르다. 매사에 세심하고 꼼꼼한 사람이 있는가 하면 그와 정반대의 사람도 있다. 즉, '细心'은 세심한 마음이고, '粗心'은 투박하고 거친 마음이다. 중국사람들은 일 처리가 꼼꼼하지 못한 사람을 '粗心大意'라 한다. 이때, '大意'는 성조에 따라 '큰 뜻'이라는 뜻과 '부주의하다'는 두 가지 뜻이 있다. 여기서는 粗心과 같은 의미로 쓰여, 조심성이 없는 성격을 나타낸다.

⊙ 大意 [dàyì] 큰 뜻, 대의　　　　⊙ 大意 [dàyi] 부주의하다, 소홀하다

细心
xìxīn

생각이나 일 처리가 세심하다

父母应该细心观察孩子的行为。
부모는 아이들의 행동을 세심하게 관찰해야 한다.

粗心
cūxīn

세심하지 못하고 부주의하고 덜렁대다

他做事总是粗心大意的。
그는 일 처리가 항상 부주의하고 덜렁댄다.

어떤 일을 성공적으로 이루기 위해서는 마음과 뜻이 하나가 되어야 한다. 이것은 사자성어로 '一心一意'라 하며, '专心', '尽心'과 비슷하다. 专心은 마음을 한군데로 집중하는 것이고, 尽心은 마음을 다해 최선을 다하는 것이다. 반면, '分心'은 마음이 여러 곳으로 분산되어 있는 상태를 나타낸다.

一心一意
yìxīnyíyì

한마음 한뜻으로, 오로지 일념으로

他们都一心一意地准备那件事情。
그들은 모두 한마음 한뜻으로 그 일을 준비한다.

专心
zhuānxīn

전념하다, 몰두하다

你只要专心学习就行了，别的什么都不要担心。
다른 건 아무것도 걱정하지 말고, 너는 공부에만 집중해.

尽心 jìnxīn · 마음을 다하다, 최선을 다하다

他对自己的工作总是尽心尽力的。
그는 자신의 일에 항상 최선을 다한다.

分心 fēnxīn · 마음을 분산시키다, 한눈팔다

学习时要集中注意力，不要分心。
공부할 때는 주의력을 집중해야지 딴 생각하지 마라.

중국에는 '刀子嘴，豆腐心。'란 속담이 있다. 입은 칼처럼 날카로워도 마음은 두부처럼 부드럽다는 뜻이다. 이와 반대로 '铁石心肠'은 철과 돌처럼 딱딱하고 냉정한 마음을 가리킨다. 또, '心软'은 부드럽고 정이 많은 마음을 뜻하고, '心硬'은 딱딱하고 냉정한 마음을 가리킨다. 보이지 않는 사람의 마음을 부드럽고 딱딱한 사물, 따뜻하고 차가운 촉감으로 표현한 것을 알 수 있다.

心软 xīnruǎn · 마음이 약하다, 정이 많다

对待坏人坏事决不能心软。
나쁜 사람 나쁜 일에 대해 절대 마음이 약해져서는 안 된다.

心硬 xīnyìng · 냉정하다

他并不是个心硬的人。
그는 결코 냉정한 사람이 아니다.

마음에도 크기가 있다. 우리말에서 한 사람의 포용력과 성품을 말할 때 '마음이 넓다' 혹은 '마음이 좁다'고 말하듯, 중국도 마음이 넓고 좁음을 말할 때 형용사 '宽'이나 '窄'를 쓴다. 즉, 이해심이 넓고 너그러운 사람은 '心宽'이라 하고, 마음이 옹졸하고 인색한 사람은 '心窄'라 한다.

心宽
xīnkuān

마음이 넓다, 너그럽다

他心宽，从来不把这些小事放在心上。
그는 마음이 넓어서 이런 작은 일을 담아두지 않는다.

心窄
xīnzhǎi

마음이 좁다, 옹졸하다

心窄的人总是对什么事都容不下。
마음이 좁은 사람은 항상 어떤 일을 잘 용납하지 못한다.

심장은 곧 생명이다. 심장이 멈추면 사람의 생명도 끝이 난다. 따라서 心은 가장 중심이 되는 것, 중요한 것을 뜻한다. 즉, 中心이란 가장 가운데 위치한 지점으로, '圆心'은 원의 중심이고, '球心'은 공의 중심이다. 또 中心은 어떤 일이 집중되어 있는 곳, 그 일을 담당하는 곳을 나타내기도 한다. 따라서, 서비스 센터는 '服务中心', 쇼핑 센터는 '购物中心'이라 한다. 반면 '重心'은 무게 중심으로 가장 중요한 부분을 가리킨다. 무게 중심이 무너지면 전체가 무너질 수 있기 때문에 重心은 곧 '核心'의 다른 말이기도 하다.

⊙ 服务中心 [fúwùzhōngxīn] 서비스 센터
⊙ 购物中心 [gòuwùzhōngxīn] 쇼핑 센터

中心
zhōngxīn

정 가운데, 중심, 서비스 기구

请您到服务中心咨询一下。

서비스 센터에 가서 물어보시기 바랍니다.

圆心
yuánxīn

원의 중심

直径从圆心穿过。

지름은 원심을 지나간다.

球心
qiúxīn

구심, 공의 중심

从球心到球面上任何一点的距离都一样.

구심에서 구면까지의 거리는 모두 같다.

重心
zhòngxīn

무게의 중심, 중점, 핵심

我失去了重心，然后摔倒了。

나는 중심을 잃고 결국 넘어졌다.

核心
héxīn

핵심, 중점

这部分的内容是我们这次研究的核心。

이 부분은 이번 연구에서 가장 핵심이 되는 내용이다.

A 小王，你上次驾照考试的结果出来了吗？

B 不要问了，我已经第三次考试了，又不及格了。

A 你别灰心了，下次考试一定能通过的。

B 其实现在你怎么说都安慰不了我。

A 샤오왕, 너 지난번에 본 운전면허 시험 결과 나왔어?
B 묻지 마. 벌써 세 번째 시험인데 또 떨어졌어.
A 너무 상심하지 마. 다음 시험에는 꼭 통과할 수 있을 거야.
B 사실 지금 네가 무슨 말을 해도 하나도 위로가 안 돼.

07

인간이 동물보다 뛰어난 것,

우리말에서 기억력이 나쁜 사람을 '새대가리'나 '닭대가리'라 하듯이 중국은 멍청하고 어리석은 사람을 '猪脑(돼지머리)'에 비유한다. 그러나 어떤 동물이든 사람의 지능을 동물에 비유하는 것은 매우 부정적일 수 밖에 없다. 인간은 동물보다 한 차원 높은 지능과 이성, 지혜를 갖고 있으며, 그 능력은 동물보다 월등히 뛰어나기 때문이다. 머리는 우리 몸에서 가장 중요한 신체기관인 만큼 중국어 속에서 발견되는 상징적 의미도 매우 다양하다.

나라마다 언어와 문화가 다르지만 세계 어디서나 통용되는 만국공통어가 있다. 맞으면 고개를 끄덕끄덕, 아니면 좌우로 흔드는 것은 가장 간단하면서도 명확한 몸짓언어이다. 즉, '点头'는 어떤 의견에 동의하는 것을 나타내며, '摇头'는 반대로 부정하거나 거절의 의사를 나타낸다. 또, 头는 다른 동사와 호응하여 사람의 다양한 움직임을 표현한다. 예컨대, 머리를 아래로 숙이는 것은 '低头'라 하고, 위로 드는 것은 '抬头'라 한다. 또 머리를 뒤로 돌리는 것은 '掉头' 또는 '回头'라 한다. 이때 掉头는 배나 자동차의 방향을 돌리는 것을 말하기도 하고, 回头는 '조금 뒤', '잠시 뒤'라는 시간적 개념을 표현하기도 한다.

点头
diǎntóu

(허락, 찬성) 고개를 끄덕이다, 동의하다

我点头表示同意他的意见。
나는 고개를 끄덕이며 그의 의견에 동의했다.

摇头
yáotóu

(부정, 반대) 고개를 흔들다, 부정하다, 거절하다

她轻轻地摇了摇头。
그녀는 가볍게 고개를 흔들었다.

低头
dītóu

고개를 숙이다

开车的时候不能低头看手机。
운전할 때는 고개를 숙이고 핸드폰을 봐서는 안 된다.

抬头
táitóu

고개를 들다

他**抬头**看了我一眼，然后就往前走了。
그는 고개를 들어 나를 한번 보더니 앞으로 걸어갔다.

掉头
diàotóu

고개를 돌리다, 배나 자동차의 방향을 돌리다

请在前边的红绿灯**掉头**。
앞에 있는 신호등에서 유턴해 주세요.

回头
huítóu

고개를 뒤로 돌리다, 잠시 후에

我们现在有事要先走了，**回头**见！
지금 가봐야 할 것 같아요, 조금 뒤에 봐요.

머리는 우리 몸이 하는 모든 일을 지휘하고 조정하는 곳이다. 따라서 '头'는 가장 중심이 되는 사람이나 사물을 나타내는 경우가 많다. 예컨대, 어떤 조직의 두목이나 두령은 '头目' 또는 '头领'이라 하고, 한 단체 내에서 능력이 가장 뛰어나고 우수한 인물은 '头号人物'라 한다. 이와 같은 표현법은 중국어뿐 아니라 우리말, 영어 등 여러 언어에서 공통적으로 찾아볼 수 있다.

头目
tóumù

두목, 우두머리

他曾经是黑社会的**头目**，现在已经改过自新了。
그는 일찍이 조직폭력배의 두목이었지만 지금은 개과천선했다.

头领
tóulǐng

두령, 우두머리

没有决断的人，当不了头领。
결단력이 없는 사람은 우두머리가 될 수 없다.

头号人物
tóuhàorénwù

첫 번째로 중요한 사람, 일인자

他是这个领域的头号人物。
그는 이 분야에서 일인자다.

머리는 우리 몸의 가장 윗부분에 위치하여 시간적으로 가장 앞선 부분을 나타내기도 한다. 예컨대, 어떤 일이나 현상이 처음으로 발생된 시점은 '开头'라 하며, 첫날은 '头天', 첫해는 '头年'라 한다. 이때, 头는 이미 지나간 시간을 나타내기도 해서, 경우에 따라 头天은 '어제', 头年은 '작년'이란 뜻으로 해석하기도 한다.

开头
kāitóu

시작

这部小说开头有点无聊，但越来越有意思了。
이 소설은 처음에는 좀 지루했는데 갈수록 재미있었다.

头天
tóutiān

첫날, 어제

他头天晚上喝了很多酒，现在还没起来。
그는 어제 술을 잔뜩 마시고 아직 일어나지 않았다.

头年
tóunián
첫해, 지난해

那是头年发生的事，我怎么会都记得呢？
그건 지난해 있었던 일인데 내가 어떻게 다 기억하니?

头는 사물의 꼭대기, 끄트머리, 가장자리란 뜻도 있다. 머리는 우리 몸의 가장 윗부분에 있어서 멀리서도 가장 잘 보이는 곳이기 때문이다. 따라서, 중국어로 산꼭대기, 산 머리는 '山头'라 하고, 배의 가장 끝 부분, 뱃머리는 '船头'라 한다. 또 침대의 가장자리 또는 침대 머리맡 부분은 '床头'라고도 한다.

山头
shāntóu
산봉우리

我们在山头上高声喊叫了。
우리는 산봉우리에서 크게 고함을 질렀다.

船头
chuántóu
뱃머리

海浪越来越高，他们把船头掉过来了。
파도가 점점 높아지자 그들은 뱃머리를 돌렸다.

床头
chuángtóu
침대 머리

我的床头上总是放着几本书。
내 침대 머리맡에는 늘 책 몇 권이 놓여있다.

‘头’는 본래 뜻은 ‘머리’지만 다른 어소와 결합하여 전혀 다른 뜻으로 쓰이는 경우가 많다. 그중, 신체를 표현한 글자 뒤에 头가 접미사로 사용된 것이 두드러진다. ‘额头’, ‘舌头’, ‘骨头’, ‘肩头’, ‘鼻头’는 모두 우리 몸의 신체 부위를 가리키는 말로, 이때 ‘머리’라는 头의 본래 뜻은 사라진다.

⊘ 鼻头 [bítou] 코

额头 이마
étóu

⬦ 前十年他吃了很多苦，额头上长出了深深的皱纹。
그는 지난 십 년간 고생을 너무 해서 이마에 깊은 주름이 생겼다.

舌头 혀
shétou

⬦ 他就尴尬地吐了吐舌头。
그는 멋쩍게 혀를 날름 내밀었다.

骨头 뼈
gǔtou

⬦ 我们家的小狗有时咬骨头，有时玩玩具。
우리 집 강아지는 어떤 때는 뼈다귀를 물고, 어떤 때는 장난감을 가지고 논다.

肩头 어깨
jiāntóu

⬦ 他肩头上的责任很重。
그의 어깨 위에 짊어진 책임이 매우 무겁다.

이 밖에도, 일상에서 자주 쓰는 생활 중국어는 '枕头', '拳头', '馒头', '水龙头' 등이 있다. 이 단어들은 실제 '머리'와 직접적인 관련은 없으나 그 생김으로 보았을 때 동그랗기도 하고, 각이 진 것 같기도 하여 사람의 머리 모양을 연상시킨다. 말의 느낌을 좀더 생동감 있고 구어적으로 전하기 위해 头를 접미사로 사용한 예다.

枕头
zhěntou 베개

听说，枕头太高对身体不怎么好。
베개가 너무 높으면 몸에 별로 좋지 않다고 한다.

拳头
quántóu 주먹

他好像下了什么决心，握紧了拳头。
그는 어떤 결심을 내렸는지 주먹을 불끈 쥐었다.

馒头
mántou 만두

这个馒头还热乎着，快吃吧。
이 만두는 아직 따끈따끈하니 빨리 먹어요

水龙头
shuǐlóngtóu 수도꼭지

麻烦你去看看水龙头是否在漏水。
미안하지만 수도꼭지에서 물이 새는지 가서 좀 봐 주세요.

🎧 2-14.mp3

A 小心点，那边有车!

B 哎呀，吓死我了，差点出大事儿了。

A 过马路你要好好看道呢，难道你是个低头族吗？

B 好好。以后我多注意点!

A 조심해. 저기서 차가 오고 있잖아!
B 어머, 깜짝이야. 하마터면 큰일 날 뻔 했다.
A 길을 건너는 데 잘 보고 다녀야지. 설마 너도 수그리족(低头族) 인거니?
B 알았어. 앞으로 주의 할게.

⊘ 低头族 [dītóuzú] 하루 종일 스마트 폰에서 눈을 떼지 못하는 사람. 수그리족

🎧 2-15.mp3

우리 몸의 주춧돌, 足와 脚

중국에서 '足'와 '脚'는 기본적으로 뜻이 같다. 두 글자는 모두 땅과 접촉해 몸을 세우는 부분, 사람이나 동물의 발을 가리킨다. 그런데 우리말에서는 족(足)과 각(脚)은 뜻이 다르다. 족(足)은 중국과 마찬가지로 발을 나타내는 한자어지만, 각(脚)은 발보다는 '다리'란 뜻으로 쓴다. 예컨대, 우리는 다리의 아름다움을 각선미(脚線美)라 하지만 중국에는 이런 말이 없다. 대신 각선미를 나타내는 말로 '腿线美'란 단어를 쓴다. 이때, '腿'는 발목 윗부분, 다리를 나타내는 글자로 중국에서 무릎 이하의 종아리는 '小腿'라 하고 무릎 위 허벅지는 '大腿'라 부른다.

- 足 [zú] 발
- 脚 [jiǎo] 발
- 腿 [tuǐ] 다리

　足는 인간의 다양한 생활 모습을 반영한다. 예컨대, 한 사람의 과거와 행실은 그가 밟고 온 발자국에 비유하여 '足迹'라 하며, 사람이 두 발로 땅을 밟고 있는 모습은 '立足'라 한다. 이때 立足는 어떤 환경에서 몸을 의탁하고 발 붙이고 서 있는 것은 표현한 말이다. 또 '长足'는 일의 진행이나 발전이 매우 빠른 것을 뜻하고, '涉足'는 '발을 들여 놓다'는 뜻으로, 어떤 환경에서 새로운 일을 처음 시작하는 것을 나타내는 말이다.

足迹
zújì

족적, 지나온 발자취

他是个伟大的旅行家，他的足迹遍布了全世界的山山水水。

그는 위대한 여행가로 그의 발자국은 전세계 방방곡곡에 퍼져있다.

立足
lìzú

발 붙이고 살다

我离开家乡，在上海立足。

나는 고향을 떠나 상하이에 발을 붙였다.

长足
chángzú

장족의, 발전이 빠른

他的汉语水平已经有了长足的进步。

그의 중국어 실력은 이미 장족의 발전을 이루었다.

涉足
shèzú

발을 들여놓다, 어떤 일을 처음 시작하다

他辞职后尝试涉足了许多领域，但每次都失败了。

그는 회사를 그만두고 여러 일을 시도해 봤지만, 매번 모두 실패했다.

중국 속담에 '一失足成千古恨'란 말이 있다. '한 번 발을 잘못 내디뎌 천 리 만 길로 떨어진다'는 말로, 사람은 발이 가는 곳을 항상 조심해야 한다는 뜻이다. 그러나 사람이 주의할 것은 발에 그치지 않는다. 잘못된 말과 행동으로 다른 사람에게 상처를 주지 않는 것도 '失足'하지 않는 것만큼 중요하다. 여기서 '失'는 '잃다, 놓치다'는 뜻으로 실수는 '失手'라 하고, 하지 말아야 할 말을 내뱉는 것은 '失言'이라 한다.

⊘ 失手 [shīshǒu] 손을 놓치다, 실수하다
⊘ 失言 [shīyán] 말을 잘못하다, 실언하다

失足
shīzú

실족하다, 과오를 범하다

✐ 社会应该要对失足青少年给予不断的关心和帮助。
사회는 비행 청소년에 대해 끊임없는 관심과 도움을 주어야 한다.

足는 우리 몸의 기초다. 주춧돌이 무너지면 건물 전체가 무너지듯 사람도 발이 건강해야 몸이 건강하다. 이처럼, 두 발이 있는 것은 스스로 만족하기에 충분한 일이므로, 足는 '족하다', '충분하다'는 '足够'의 뜻도 있다. 즉, 일상 생활에서 물질이나 시간 등이 충족하게 주어지는 것은 '充足'라 하고, 사람이 입고 먹을 것이 넉넉하고 풍족한 것은 '丰足'라 한다. 반면 '不足'는 원하는 바가 기준에 도달하지 못하는 것으로 '美中不足'는 모든 것이 훌륭한 가운데 부족한 점이 딱 하나 있는 것을 나타낸다.

足够
zúgòu

넉넉하다, 충분하다

✐ 这么多钱足够我花一辈子了。
이정도 돈이면 평생동안 쓰기에 충분하다.

充足
chōngzú

충분하다, 충족하다

为了健康，人们需要有充足的睡眠时间。
건강을 위해서 사람들은 충분한 수면시간이 필요하다

丰足
fēngzú

풍족하다

有丰足的物质条件会感到幸福，但事实却不一定是那样。
물질이 풍족하면 행복할거라 생각하지만 사실은 꼭 그런 것은 아니다.

美中不足
měizhōngbùzú

**옥에도 티가 있다,
훌륭한 가운데 조금 모자라는 점이 있다**

那份工作 美中不足的是工资就有点少。
그 일은 다 좋은데 월급이 좀 적은 것이 흠이다.

사람은 필요한 것이 충족하게 채워질 때 만족함을 느낀다. 따라서 足는 '满足'의 뜻이 있어, 스스로 만족함을 아는 것, 평범한 속에서 작은 행복을 찾는 삶을 '知足'라 한다.

满足
mǎnzú

만족하다

他虽然很富有，但从来不感到满足。
그는 비록 매우 부유하지만 여태까지 만족을 느낀 적이 없다.

知足
zhīzú

만족하게 여기다

幸福在于知足。
행복은 스스로 만족함에 있다.

足는 '~할 가치가 있다'는 뜻도 있다. 예컨대 '微不足道'는 너무 하찮아서 언급할 가치도 없다는 말이다. 이때 '微'는 '작다, 미천하다'는 뜻이며, '道'는 '말하다, 언급하다'는 뜻이다.

微不足道
wēibùzúdào

하찮아서 언급할 가치도 없다

这只是一件微不足道的小事。
이건 그저 언급할 가치도 없는 작은 일이에요.

우리말에서 수족(手足)이란 마음대로 부리는 사람을 뜻하지만, 중국에서 '手足'는 한 부모에서 태어난 피와 살을 나눈 형제자매를 가리킨다. 형제는 우리 몸의 손과 발처럼 끊을래야 끊을 수 없는 관계기 때문이다. 또, '画蛇添足'란 뱀을 그리는데 있지도 않은 발을 덧붙인다는 뜻으로, 우리는 두 글자로 줄여 사족(蛇足)이라 말하기도 한다. 어떤 일을 하는데 쓸데없이 사족을 붙여 일을 그르치지 않도록 주의해야 한다.

手足
shǒuzú

손발, 형제(兄弟)

他们的手足之情很感人。
그들 형제 간의 우애는 정말 감동적이다.

画蛇添足 공연히 쓸데없는 짓을 하다
huàshétiānzú

这篇文章已经很完美了，不要再画蛇添足了。
이 글은 완벽해서 더 이상 사족을 붙일 필요가 없다.

한편, 足와 같은 뜻으로 '脚'역시 사람의 발을 가리킨다. 이때 脚는 足보다 구어적 느낌이 강한 단어로, 손(手)과 발(脚)을 함께 사용하여 사람의 행동을 묘사한 단어가 많다. 예컨대 '手脚不干净'은 손버릇이 나쁜 것, 도벽이 있는 것을 표현한 말이고, '费手脚'는 어떤 일로 인하여 귀찮고 번거롭다는 뜻이 담겨있다. 또, 부정한 수단으로 어떤 일을 조작하여 나쁜 짓을 꾸미는 것은 '做手脚' 또는 '动手脚'라 하며, 이는 우리말로 '몰래 손을 쓰다' 정도의 의미와 비슷하다. 手脚와 관련한 말은 긍정적인 뜻보다 부정적인 의미로 사용된 경우가 많다.

动手脚 손과 발을 움직이다, 몰래 손을 쓰다
dòngshǒujiǎo

这件事有点奇怪，一定有人在背后动手脚了。
이 일은 좀 이상한 것이 분명 누군가 뒤에서 조작하고 있을 것이다.

做手脚 몰래 손을 쓰다, 부정한 수단으로 조작하다
zuòshǒujiǎo

企业不能在产品质量上做手脚。
기업은 상품의 품질에 대해 부정하게 장난치면 안 된다.

A 找到工作了你怎么不开心呢？

B 唉，那份工作美中不足的就是工资就有点少。

A 这不是你一直梦寐以求的工作嘛？

B 人真的好奇怪，拥有了自己想要的东西之后，马上又挑三拣四了。

A 幸福在于知足, 努力工作的话工资也会逐渐上涨的。

A 너 취직도 했는데 왜 기분이 별로야?
B 에휴, 그 일은 다 좋은데 옥의 티로 월급이 작아.
A 네가 무척 하고 싶었던 일 아니야?
B 사람이 참 이상하지. 바라는 것을 갖고 보니 금새 또 다른 단점을 찾고 있으니 말이야.
A 행복은 만족하는 데 있다고 하잖아. 열심히 하다 보면 월급도 차차 올라가겠지.

거꾸로 읽어도 말이 되는 AB - BA 단어

计算 jìsuàn 동) 계산하다 vs. **算计** suànjì 동) 계산하다

'计算'과 '算计'는 사전적 의미로 모두 '계산하다'란 뜻이지만 두 단어의 느낌은 매우 다르다. 计算은 단순히 '숫자를 셈하다'란 뜻이지만 算计는 자신에게 이득될 것과 해로운 것을 남 모르게 따지고 계산하다는 부정적인 의미이다.

蜜蜂 mìfēng 명) 꿀벌 vs. **蜂蜜** fēngmì 명) 벌꿀

'蜜'가 '꿀'이고, '峰'은 '벌'이므로 '蜜蜂'은 '꿀벌'이 되고 '蜂蜜'는 '벌꿀'이 된다. 꿀을 사러 가서 蜂蜜가 아닌 蜜蜂을 찾으면 안 될 일이다.

家人 jiārén 명) 가족 vs. **人家** rénjiā 명) 남, 타인

'家人'은 나와 피가 섞인 '가족'이지만 '人家'는 '他(그)' 또는 '他们(그들)'과 같이 3인칭 대상을 지칭한다.

感性 gǎnxìng 형) 감성적이다 vs. **性感** xìnggǎn 형) 섹시하다

비교적 예민한 감정을 가진 사람을 감성적(感性的)이라 하지만 반대인 성향의 사람은 이성적(理性的)이라고 말한다. '感性'의 앞뒤를 바꾸면 어떤 사람이 이성적(异性的)으로 매력이 있다는 뜻의 '性感'이란 말이 된다.

故事 gùshi 명) 이야기 vs. **事故** shìgù 명) 사고

'故事'는 '이야기'나 '줄거리'란 뜻이지만, '事故'는 '사고'란 뜻이다. 事故는 주로 '发生'이나 '出' 등의 동사와 함께 호응하여 '发生事故(사고가 발생하다)', '出事故(사고가 나다)'와 같이 표현한다.

儿女 érnǚ 명) 자녀, 아들과 딸 **vs.** 女儿 nǚ'ér 명) 딸

'儿女'는 아들과 딸 구분 없이 자녀를 가리키지만, '女儿'은 여자아이만 가리킨다. 남자아이를 말할 때는 '儿子'라고 해야한다.

周一 zhōuyī 명) 월요일 **vs.** 一周 yīzhōu 명) 일주일

'周一'는 한 주가 시작하는 월요일이란 뜻이지만 앞뒤를 바꿔 '一周'라고 하면 한 주간의 시간을 가리키는 '일주일'이란 뜻이된다. '월요일'을 뜻하는 말은 '星期一', '礼拜一' 등이 있다.

人工 réngōng 형) 인공의, 인위적인 **vs.** 工人 gōngrén 명) 노동자

'人工'은 어떤 것을 인위적으로 만든다는 뜻으로 人工湖(인공호수), 人工呼吸(인공호흡)등이 있고 '工人'은 '劳动者'와 같은 뜻으로 '노동자'란 뜻이다.

不要 búyào ~하지 마라, 필요 없다, 싫다 **vs.** 要不 yàobù 그렇지 않으면, 아니면

'不要'는 '~을 하지마라', 또는 '필요없다'는 뜻으로 우리 일상회화에서 자주 쓰는 동사지만, 글자 순서를 바꾸어 '要不'라고 하면 뜻과 용법이 전혀 달라진다. '要不'는 '그렇지 않으면', '아니면'이란 접속사로 주로 뒷절 첫부분에 위치하여 '要不然', '否则'와 뜻이 같다.

字数 zìshù 명) 글자 수 **vs.** 数字 shùzì 명) 숫자, 수

'字'는 '글자'이고, '数'는 '수'를 의미하므로 '字数'는 '글자 수'이고, '数字'는 '숫자'가 된다.

🎧 3-01.mp3

인생이라는, 산 이야기

혼자 하는 것보다 함께 할 때 더 큰 기쁨을 맛볼 수 있는 일들이 많다. 등산도 그 중 하나인 것 같다. 산을 오르다 보면 지치고 힘든 순간이 있기 마련이지만 곁에 손을 잡아 줄 친구가 있다면 크든 작든 힘을 얻고 끝까지 함께 할 수 있기 때문이다. 오르막길이 있으면 내리막길도 있고 가끔은 순탄한 평지 길을 만나기도 한다. 그래서 흔히 등산은 인생 같다고 한다. 혼자만 앞장서 가지 않는 것, 서로 밀어주고 끌어주는 것, 등산이 보여주는 인생의 모습이란 바로 이런 게 아닌가 싶다.

산을 오르는 것은 중국어로 '爬山' 또는 '登山'이라 한다. 그런데 두 단어는 어감상 차이가 있다. 爬山은 마을 언덕이나 작은 산을 가볍게 오르는 일이지만 登山은 비교적 높고 가파른 산을 올라가는 것이다. 즉, 산책하는 마음으로 언제든지 집을 나설 수 있는 것이 爬山이라면, 登山은 예상치 못한 위험에 대비하여 철저한 준비가 필요한 활동을 뜻한다.

爬山
páshān

산을 오르다

我每天一早就去爬山。
나는 매일 아침이 되면 산을 오른다.

登山
dēngshān

등산하다, 산을 오르다

因为天气的原因，我们无法继续登山。
날씨 때문에 우리는 더 이상 산을 오를 수 없었다.

백두산(白頭山)은 '머리가 하얀 산'이란 뜻이다. 실제 백두산 꼭대기는 사계절 내내 하얀 눈으로 덮여있을 뿐 아니라, 화산 활동으로 회백색 돌이 쌓인 지역이 많다고 한다. 중국에서 백두산은 '长白山'이라 부르는데, 우리나라나 중국이나 백두산의 하얀색 이미지를 강조한 것을 알 수 있다.

长白山
Chángbáishān

백두산

趁着这次暑假，我想登长白山。
이번 여름방학이 되면, 나는 백두산을 오르고 싶다.

우리에게 백두산이 민족의 영산이듯, 중국사람들이 가장 신성하게 여기는 산은 '泰山'이다. 泰山은 중국의 오악 중에서도 으뜸으로 꼽는 산으로, 중국 역사와 문화, 예술적으로 의미가 깊기 때문이다. 진시황을 시작으로 한무제, 당태종 등 세상을 호령하던 역대 황제들은 泰山에 올라 머리를 숙였고, 이백과 두보 등 중국의 수많은 문인이 泰山을 찬양하는 주옥 같은 시를 남겼다. 따라서, 泰山은 위대한 사람, 사회적으로 존경 받는 사람을 비유하기도 하며, 중국사람들이 죽기 전 꼭 한번 오르고 싶어하는 산이기도 하다.

泰山 타이산, 태산
tàishān

為了看日出，很多人登上了泰山的頂峰。
일출을 보기 위해 많은 사람들이 태산 정상에 올랐다.

산은 주요 위치에 따라 부르는 명칭이 다르다. 산으로 올라가는 입구는 '山口'라 하고, 산의 허리쯤 되는 곳은 '山腰', 산봉우리는 '山头'라 부른다. 또 산의 비탈이 끝나는 가장 아랫부분은 발에 비유하여 '山脚'라 한다. 만약, 봉우리가 연속적으로 이어져 있다면 그것은 山脉이고, 산맥 가운데 가장 높은 봉우리는 '山顶'이라 한다. 마치 거대한 한 사람이 떠오르는 듯한 발상이 매우 참신하고 흥미롭다.

山头 [shāntóu] 산봉우리

山口 산어귀, 산으로 올라가는 입구
shānkǒu

汽车进不了山口。
자동차는 산어귀를 들어갈 수 없다.

山腰
shānyāo — 산허리, 산 중턱

走到山腰，我们休息了一会儿再走。
산 중턱에 도착했을 때, 우리는 잠시 쉬었다 갔다.

山脚
shānjiǎo — 산기슭

我忽然发现山脚下有一个房子。
나는 문득 산기슭에 집 한 채가 있는 것을 발견했다.

山脉
shānmài — 산맥

太白山脉是我们国家最长的山脉。
태백산맥은 우리나라에서 가장 긴 산맥이다.

山顶
shāndǐng — 산 정상

经过了三个小时，我们都终于爬上了山顶。
세 시간이 지나서 우리는 모두 산 정산에 올랐다.

하나의 산이 만들어지는 데는 수만 년의 시간이 필요하다. 하지만 한 번 만들어진 산은 그 자리를 꿋꿋이 지켜내기 때문에 산은 '长久', '永远'과 같이 오랜 시간을 상징하기도 한다. 중국사람들은 부모님이나 어르신의 생신이 되면 '寿比南山'이란 말을 잘 쓴다. 이 세상에 오래도록 존재하는 南山처럼 오래오래 건강하고 장수하기를 기원하는 말이다.

长久[chángjiǔ] 장구하다　　永远[yǒngyuǎn] 영원하다

寿比南山
shòubǐnánshān

생신을 축하하는 말,
오래오래 살기를 기원하다

祝您福如东海，寿比南山。
동해처럼 복을 누리고 남산처럼 강건하시길 기원합니다.

면적이 크면 담을 수 있는 수량도 많다. 따라서 산은 수가 많은 것을 상징하기도 한다. 중국은 매년 '劳动节'나 '国庆节' 같은 황금연휴 기간이면 전국 관광지에 수많은 인파가 몰린다. 人山人海는 그 모습이 마치 거대한 산 같고, 넓은 바다 같다는 뜻으로 우리도 일상에서 자주 인용하는 말이다.

⊘ 劳动节 [Láodòngjié] 노동절, 5월 1일
⊘ 国庆节 [Guóqìngjié] 국경절, 10월 1일

人山人海
rénshānrénhǎi

모인 사람이 대단히 많다

星期天下午广场上人山人海。
일요일 오후 광장은 인산인해를 이루었다.

우공(愚公)이 산신의 도움으로 큰 산을 옮겼다는 '愚公移山'이란 이야기가 유명하다. 누구나 살면서 한 번쯤은 크고 작은 고난을 만나는데, 대처하는 자세는 사람마다 다르다. 어떤 이는 미리 겁부터 먹고 앞으로 나아가길 포기하는 사람도 있지만, 어떤 이는 우공처럼 산이란 장애물을 없애기 위해 우직하게 노력하는 사람도 있다. 즉, '愚公移山'이란 아무리 불가능해 보이는 일도 끊임없이 노력하면 결국 끝을 볼 수 있다는 뜻이다. 여기서 산은 극복하기 어려운 고난과 장애물을 상징 한다.

愚公移山
Yúgōngyíshān

우공이산

> 愚公移山的精神值得我们学习。
> 우공이산의 정신은 우리가 본받을 가치가 있다.

이 밖에, '开门见山'은 문을 여니 바로 산이 보인다는 뜻으로 대화를 하는데 이리저리 돌려 말하지 않고 바로 본론으로 들어가는 것을 말하고, '山穷水尽'은 산에 먹을 것이 없고 물길도 막바지에 다다랐다는 뜻이다. 예부터 산과 물은 사람이 살아가는 데 반드시 필요한 자원이었다. 따라서 그것이 끊겼다는 것은 곧 경제적으로 매우 궁핍하고 어려운 정도에 이르렀음을 나타낸다.

开门见山
kāiménjiànshān

단도직입적으로 말하다,
바로 본론으로 들어가다

> 不要拐弯抹角，开门见山直说吧。
> 빙빙 돌려 말하지 말고 단도직입적으로 말해라.

山穷水尽
shānqióngshuǐjìn

궁지에 몰리다,
막다른 골목에 몰리다

> 已经是山穷水尽了，再也没有别的办法。
> 이미 막다른 지경에 이르러서 더 이상 방법이 없다.

A 这次国庆节你有什么打算吗?

B 我想和老公一起在家附近爬山。你呢?

A 我打算去北京爬万里长城。

B 真的吗？你看看这张照片，这是去年的国庆节我朋友在长城拍的。

A 我的天哪，简直是人山人海啊!

A 이번 국경절에 넌 뭐 할 생각이야?
B 남편이랑 집 근처에서 등산이나 하려고. 너는?
A 난 베이징 만리장성에 가볼까 해.
B 진짜? 이 사진 좀 봐 바. 작년 국경절 날 내 친구가 만리장성에서 찍은 사진이야.
A 세상에. 완전히 인산인해잖아!

⊘ 万里长城 [Wànlǐchángchéng] 만리장성(＝长城)

02

보이지 않는 바람으로부터,

> 我不知道风是在哪一个方向吹。
> 나는 모릅니다 바람이 어디서 불어오는지.

— 徐志摩, 〈我不知道风〉

중국의 천재 시인 쉬즈모(徐志摩)는 〈나는 바람을 모르네(我不知道风)〉에서 어디서 왔다가 어디로 가는지 모르는 바람 때문에 괴로워했다. 운명이라 생각했던 사랑이 바람처럼 시인 곁을 떠나갔기 때문이다. 그러나, 빈자리는 새로운 것으로 다시 채워지기 마련이다. 이것은 우리 인생의 평범한 진리와도 같다. 따라서 우리는 지나가 버린 과거에 연연하거나 다가오지 않은 미래를 미리부터 염려할 필요가 없다. 그저 주어진 시간에 충실하고, 곁에 있는 사람의 소중함을 아는 것이 우리가 매일 작은 행복과 마주하며 살아가는 최선의 방법이 아닐까 한다.

중국어로 '바람이 불다'는 표현은 '刮' 또는 '吹' 동사를 사용한다. 하지만 '刮风'과 '吹风'은 어감상 미묘한 차이가 있다. 刮风은 우리 생활에 직접적인 영향력을 끼치며 세력이 비교적 큰 바람이 부는 것이다. 반면, 吹风은 그보다는 가볍고 잔잔한 바람이다. 따라서 기분 전환을 위해 가볍게 바람을 쐬는 것, 헤어드라이어로 머리를 말리는 것, 입으로 작은 바람을 만들어 촛불을 끄는 행위는 모두 吹风이라 한다.

刮风
guāfēng
바람이 불다

虽然刮风，但不怎么冷。
바람이 불기는 하지만 별로 춥지는 않다.

吹风
chuīfēng
바람을 맞다, 바람을 쐬다

你感冒还没好，现在不要吹风。
너 감기 아직 안 나았잖아, 지금 바람 쐬지 말아라.

우리 삶에 큰 영향을 끼치는 바람은 크게 폭풍, 태풍, 회오리바람이 있다. '暴風'은 말 그대로 사나운 바람이고, '台风'은 크고 격렬한 바람을 가리킨다. 또, 나선모양으로 뱅글뱅글 도는 회오리바람은 '旋风'이라 한다. 회오리바람은 한 번 일어나면 주변의 온갖 먼지와 모래알을 함께 휩쓸고 지나가는 특성이 있다. 따라서 어느 날 갑자기 생겨나 대중에게 폭발적인 관심과 주목을 받는 사건이나 소식을 旋風에 비유하기도 한다.

暴风
bàofēng

树被暴风刮倒了。
나무가 폭풍에 쓰러졌다.

台风
táifēng

气象厅刚刚发布了台风警报。
기상청은 방금 태풍 경보를 발표했다.

旋风
xuànfēng

회오리바람, 선풍

台风来之前一般都会刮一阵旋风。
태풍이 오기 전에 일반적으로 회오리바람이 한바탕 지나간다.

지금도 해마다 여름만 되면 폭풍이나 태풍으로 애써 일구어 놓은 농작물을 잃거나 인명 피해가 발생했다는 안타까운 뉴스를 접하곤 한다. 인간은 절대적인 자연의 힘 앞에서 나약한 존재일 수밖에 없는 것이다. '바람과 비', '바람과 파도'가 만나면 이것은 더 이상 자연 현상이라기 보다, 인생의 어려움, 혹독한 시련 등을 비유적으로 상징하는 경우가 많다.

风雨
fēngyǔ

비바람, 혹독한 시련

风雨过后，太阳出来了。
비바람이 지나가고 해가 났다.

风浪
fēnglàng

풍랑, 고생, 고난

他在长久的时间里经受了各种风浪。
그는 오랜 세월 동안 온갖 풍파를 다 겪었다.

风险
fēngxiǎn

위험, 모험

世上不存在完全没有风险的事业。
세상에 위험이 전혀 없는 사업은 존재하지 않는다.

风暴
fēngbào

폭풍, 어려운 사태, 대규모 사건

现在是我们国家10年来最大的金融风暴。
지금은 우리나라에서 10년 이래 가장 대규모의 금융위기다.

바람은 불어오는 방향에 따라서도 상징하는 바가 다르다. 예컨대, '东风'은 전진하는 세력, 새롭고 진보적인 세력을 가리키지만 '西风'은 몰락하는 세력, 낡은 세력을 뜻한다. 또 서북에서 불어오는 '西北风'은 춥고 건조한 바람으로 경제적으로 빈곤한 상황을 나타낸다. 예부터 중국 서북 지역은 사막과 초원, 산지가 많아서 사람이 살기 어려운 곳으로 유명했다. 따라서, '喝西北风'이란 먹을 것이 서북에서 불어오는 바람밖에 없다는 뜻으로 사람들이 몹시 굶주리는 상태를 표현한 말이다.

⊘ 东风 [dōngfēng] 동풍　　　　　⊘ 西风 [xīfēng] 서풍 춥고 건조한 바람으로

喝西北风
hēxīběifēng 굶주리다, 먹을 것이 아무것도 없다

这个月的工资都花光了，我就得喝西北风了。
이번 달 월급을 벌써 다 써버렸으니 입에 거미줄 치게 생겼다.

또 '顺风'은 배가 가는 쪽으로 불어오는 바람을 뜻하고, '逆风'은 앞에서 불어오는 바람을 가리킨다. 살면서 때로는 '순풍에 돛을 단 배'처럼 모든 일이 척척 풀리는 순간도 있다. 이것은 중국어로 '一帆风顺'이라 한다. 누구나 순풍을 만나길 원하지만 모두가 그 힘을 이용할 수 있는 건 아니다. 준비되지 않은 사람에게 순풍은 아무런 도움이 되지 않는다. 바람의 힘을 받아 속도를 내기 위해서는 분명한 방향과 뚜렷한 목표가 있어야 한다.

顺风
shùnfēng 순풍, 진행 방향으로 부는 바람

祝你一路顺风。 가시는 길이 순조롭기를 바랍니다.

逆风
nìfēng 역풍, 진행 방향 반대로 불어오는 바람

虽然我们突然遇上了逆风，但及时到达了目的地。
우리는 비록 갑자기 역풍을 만났지만, 제시간에 목적지에 도착했다.

一帆风顺
yìfānfēngshùn 일이 순조롭게 잘 진행되다

每个人都希望过一帆风顺的日子。
사람들은 모두 순조롭게 살기를 바란다.

바람은 근거 없이 떠도는 유언비어, 풍문을 뜻하기도 한다. 즉 '风传', '风言风语'는 바람을 통해 전해지는 소문이다. 발 없는 말이 천리 간다는 말처럼, 나쁜 소문일수록 순식간에 퍼지고 때로는 없는 사실이 덧붙여지기도 한다. 하지만 아무 생각 없이 던진 말은 부메랑이 되어 돌아오는 경우도 있으니, 바람처럼 떠도는 소문에는 휩쓸리지 않도록 조심해야 한다. 이와 반대로, '空穴来风'이란 말도 있다. 이는 바람도 틈이 있어야 들어온다는 뜻으로 '아니 땐 굴뚝에 연기 날까'라는 우리 속담과 비슷하다. 원인이 없으면 결과도 없는 것처럼 어떤 소문도 아무 이유 없이 생기지 않는다는 뜻이다.

风传
fēngchuán

풍문, 뜬소문, 소문

那些风传让他名誉扫地。
그 소문은 그 사람의 명예를 실추시켰다.

风言风语
fēngyánfēngyǔ

유언비어

那只是风言风语，不一定可信。
그건 단지 유언비어일 뿐 믿을 만한 것이 못 된다.

空穴来风
kōngxuéláifēng

아니 땐 굴뚝에 연기나랴

这条信息是空穴来风，但是不可全信。
이 소식은 근거가 있으나 완전히 믿어서는 안 된다.

마지막으로 바람은 일정한 시간이나 장소에서 유행하는 습관, 분위기를 나타내기도 한다. 예컨대, '风气'는 국가나 사회처럼 비교적 큰 집단에서 생겨난 분위기나 풍조를 가리키고, '风潮'는 어떤 문화나 현상이 대중들 사이에 크게 번지고 유행하는 것을 나타낸다. 반면, '风格'와 '风度'는 개인적인 스타일, 풍격을 나타낸다. 즉, 风格가 사람의 외모, 옷 입는 스타일, 예술 작품의 창작 스타일 등 주로 겉모습에서 드러나는 외형적인 분위기라면, 风度는 내면에서 은근하게 풍기는 신사다운 매너 또는 고상한 자태 등을 표현한다.

风气 fēngqì
국가, 사회 집단의 분위기 풍조, 분위기

这种不良的风气必须得改变。
이런 좋지 않은 풍조는 반드시 변화해야 한다.

风潮 fēngcháo
많은 사람들이 따라가는 분위기, 풍조

这个城市最近刮起了一阵不动产投机风潮。
이 도시는 최근 부동산 투기 열풍이 불고 있다.

风格 fēnggé
풍격, 스타일

这是最近在年轻人中特别流行的风格。
이것은 요즘 젊은이들 사이에서 특히 유행하는 스타일이다.

风度 fēngdù
품위, 매너

他在各个方面都有绅士的风度。
그는 모든 방면에서 신사적인 매너가 있다

🎧 3-04.mp3

A 你听说小王的事情了吗？

B 什么事情？

A 听说，小王搞外遇了，我感觉他们马上就要分手了。

B 不可能吧! 你可不要相信那些风言风语。

A 너 샤오왕 얘기 들었어?
B 무슨 얘기?
A 샤오왕이 바람을 폈대. 내 생각에는 걔네 곧 헤어질 것 같아.
B 말도 안돼. 너 그렇게 아무 근거도 없는 소문은 믿지 마라.

꿈을 찾아 바다를 건너는 사람들,

> "인간은 패배하기 위해 태어나진 않았어.
> 인간은 파괴되어 죽을 수는 있지만, 패배할 수는 없어"
>
> – 어니스트 헤밍웨이, 《노인과 바다》

노인은 한 마리의 고기를 잡기 위해 목숨을 걸고 사투를 벌였지만 애써 잡은 고기는 상어에게 다 빼앗기고 빈손으로 돌아왔다. 그러나 노인은 절망하지 않고 현실을 담담하게 받아들였다. 바다를 상대로 치열하게 맞서는 노인의 모습을 그린 《노인과 바다》는 세계적인 걸작 중 하나다. 헤밍웨이는 《노인과 바다》를 쓰면서 수 백 번 이상을 고쳤고, 자신의 능력으로 쓸 수 있는 가장 훌륭한 작품이라 말했다. 최선을 다했다면 그것은 결코 헛된 삶이 아니다. 결과만 중시하는 현대 사회에서 자연의 도전에 맞서, 가치있는 삶을 발견하는 노인의 모습은 왠지 모를 뭉클함을 느끼게 한다.

중국어로 바다의 생명을 부르는 이름이 재미있다. 불가사리는 바다에 사는 별이라 하여 '海星'이라 하고, 돌고래는 돼지처럼 그 모습이 통통하고 귀엽다 하여 '海豚'라 부른다. 또 날카로운 상아가 있는 바다코끼리는 '海象'이고, 물개는 '海狗'라 한다. '海马'는 그 생김이 말을 꼭 빼닮았다고 하여 '바다의 말'이 되었으며, 바다가 아닌 강가에서 생활하는 하마는 '河马'라 한다.

⊘ 河马 [hémǎ] 하마

海星 불가사리
hǎixīng

◇ 海星一般以贝类为食物。
불가사리는 보통 조개류를 주식으로 삼는다.

海豚 돌고래
hǎitún

◇ 他们通过几个项目，检测了海豚的智商。
그들은 몇 가지 항목으로 돌고래의 지능을 검사했다.

海象 바다코끼리
hǎixiàng

◇ 据报道，最近海象的数量逐渐减少。
보고에 따르면, 최근 바다코끼리의 수가 점점 줄고 있다고 한다.

海狗 물개
hǎigǒu

◇ 这里是海狗的栖息地。
여기는 물개의 서식지이다.

海马
hǎimǎ

해마

海马长得很独特。
해마는 독특하게 생겼다.

또 바다 생물 중에 바다거북은 '海龟'이며, 바다 미역은 '海带', 해삼은 '海参'이다. 그런데 이 단어들은 중국어 해음(谐音)현상의 영향으로 원래 뜻 외에 또 다른 의미를 갖는다. 해음이란 특정 단어와 발음이 같거나 비슷한 이미지를 떠올리게 하는 일종의 중국식 언어유희다.

예컨대, 海龟는 본래 바다거북이란 뜻이지만 '해외에서 돌아오다'는 '海归'와 발음이 비슷하여 유학파를 가리키기도 한다. 한때 중국은 외국에서 유학하면 좋은 직장과 고액의 연봉을 보장받던 시대가 있었다. 그러나 지금은 그 숫자가 많아지면서 유학을 했다고 무조건 좋은 대우를 받지 않는다. 최근에는 해외로 나가는 사람이 많아졌을 뿐 아니라 중국 국내에도 실력자가 많아졌기 때문이다.

海龟
hǎiguī

바다거북

海龟在地上走得很慢，但在海里游得很快。
바다거북은 육지에서는 느리지만 바다에서는 매우 빠르게 헤엄친다.

海와 관한 언어유희가 급격히 확장되면서 海龟와 비슷한 뜻의 '海带'와 '海参'도 등장했다. 海带는 '海待'의 해음자로 해외에서 공부하고 대학까지 졸업했지만 일자리가 없어서 취업하지 못하고 '대기중'에 있는 사람을 가리키고, *海参*은 '海剩'의 해음자로 사회에 그대로 남아버린 사람을 나타낸다. 일부 유학파들 중에는 오랜 시간 외국문화에 익숙해져 있어서 국내 기업 문화에 잘 적응하지 못하거나 특별한 경쟁력도 없으면서 무조건 좋은 대우를 받고자 하는 경우가 있다. 바로 그것을 비꼬는 말로 *海龟*, *海带*, *海参* 등의 해음단어가 생긴 것이다.

⊘ 海待 [hǎidài] 유학을 다녀와 직업을 구하지 못한 구직 대기자 = 海剩

海带
hǎidài

미역, 다시마

🏷 海带是一种海洋植物。
미역은 해양 식물 중 하나다.

海参
hǎishēn

해삼

🏷 海参是一种营养成分特别丰富的食物。
해삼은 영양성분이 매우 풍부한 음식이다.

중국은 예부터 자신들이 세계의 중심이고, 육지의 끝은 바다라고 생각했다. 따라서 중국사람들의 관념 속에 '四海'는 전국 각지, 온 세계를 가리키는 말이 되었고, '海外'는 중국 밖의 세상, 국외란 뜻으로 쓰게 되었다. 또, '海关'은 해외에서 돌아오면 반드시 통과해야 하는 곳, 세관을 가리킨다. 지금은 육지, 하늘, 바다 등 모든 공간에서 수출, 수입이 이루어지지만 예전에는 바다에 있는 항구를 통해서만 교역할 수 있었다. 따라서 *海关*은 비록 '바다의 관문'이란 뜻이지만 지금은 항구, 비행장, 국경지대 등 해외에서 들여온 모든 물건을 단속하고 관세를 부과하는 곳을 가리키게 되었다.

四海
sìhǎi

他年轻的时候四海漂泊，所以经验很丰富。
그는 젊었을 때 전국 방방곡곡을 돌아다녀서 경험이 매우 풍부하다.

海外
hǎiwài

해외, 국외

在海外生活可不是轻松的事。
해외에서 생활하는 것은 결코 녹록치 않은 일이다.

海关
hǎiguān

세관

从海外回来的时候一定要通过海关检查。
해외에서 돌아올 때 반드시 해관검사를 통과해야 한다.

바다는 무한한 자원의 보고이며, 끝없이 펼쳐진 공간이다. 따라서 중국사람들은 크고 넓은 것, 무한한 가능성과 잠재력을 바다에 비유한 예가 많다. 예컨대, 끝없는 학문의 세계는 '学海'이고, 인간의 풍부한 상상력과 생각은 '脑海', 바다처럼 널리 깔린 구름은 '云海'라 한다.

学海
xuéhǎi

학해, 학문의 세계

人生有限，学海无涯。
인생은 유한하지만, 학문의 세계는 끝이 없다.

脑海
nǎohǎi

생각, 기억, 사고

那个事情在我的脑海中留下深刻的印象。
그 사건은 내 기억 속에 깊은 인상을 남겼다.

云海
yúnhǎi

운해, 구름바다

登上了山顶，眼前展开了一片云海。
산 정상에 오르니 눈앞에 한폭의 구름바다가 펼쳐졌다.

흔히 바다하면 잔잔하고 고요한 이미지를 떠올리는 경우가 많다. 하지만 바다는 각종 위험이 도사리고 있는 곳이기도 하다. 따라서 중국사람들은 열악하고 위험한 환경을 표현할 때 바다를 인용하는 경우가 많았다. 대표적인 예로 '刀山火海'는 '칼을 꽂은 산, 불로 덮인 바다'란 뜻으로 매우 위험한 장소를 가리키고, '下海'는 국가 공무원이나 교수, 기업의 간부와 같은 지식인이 돌연 직업을 전향해 개인 사업에 뛰어드는 것을 말한다. 下海는 본래 '바다로 내려가 고기를 잡다'는 뜻이었지만, 고상한 직업을 버리고 위험한 바다로 뛰어든다는 비유적 의미도 담겨 있다. 따라서, 원래부터 사업을 했던 사람이 다른 업종으로 변경하는 것은 下海라 말하지 않고, 안정적으로 월급을 받던 사람이 직장을 그만두고 사업을 시작하는 것을 나타낸다.

刀山火海
dāoshānhuǒhǎi

칼 산과 불바다. 위험천만한 곳

就算遇到刀山火海，我们不能退缩。
설사 어려운 환경을 만날지라도, 우리는 뒷걸음치고 물러나서는 안 된다.

下海
xiàhǎi **사업에 뛰어들다**

他去年下海做了一名商人。
그는 작년에 회사를 그만두고 사업가가 되었다.

이 밖에, 사람의 주량이 바다처럼 큰 것은 '海量'이라 하고, 많은 사람에게 각종 소식을 알리기 위해 제작된 포스터는 '海报'라 한다. 海报는 간단한 글귀로 사람들의 이목을 주목시키는 매개체로 주로 영화나 공연, 각종 행사 등의 정보를 소개하기 위한 광고용으로 쓰는 경우가 많다.

海量
hǎiliàng **바다같이 넓은 도량, 큰 주량**

她喝一瓶白酒也不醉，真是海量。
그녀는 바이주 한 병을 다 마셔도 취하지 않을 만큼 주량이 대단하다.

海报
hǎibào **포스터**

为了宣传电影，制造了充满悬念的海报。
영화를 홍보하기 위해 서스펜스가 넘치는 포스터를 제작했다.

🎧 3-06.mp3

A 好久不见！你最近过得怎么样？

B 最近我是个'海带'。

A 海带？你突然说的是什么话呀？

B '海带'是指留学以后没有找到工作的人。
因为海带和'海待'的发音很相似。

A 哈哈，真的吗？中文真的好有趣！

A 오랜만이야! 요즘에는 어떻게 지내?
B 나 요즘 바다미역이다.
A 바다미역? 갑자기 그게 무슨 말이야?
B 바다미역은 유학하고 왔는데 취업하지 못한 사람을 뜻해.
　왜냐하면 '海带(바다미역)'의 발음이 '海待(취업 대기중)'와 비슷하거든.
A 하하. 정말? 중국말 참 재미있구나!

04

높게 더 높게,

세계 여러 나라가 고층 건물을 짓겠다고 난리다. 현재 세계에서 가장 높은 건물은 두바이의 부르즈 할리파이지만 세계 1위의 건물은 언제라도 바뀔 수 있다. 고층 빌딩은 한자어로 '마천루(摩天楼)'라 하는데, 이는 하늘에 닿을 만큼 높은 건물이란 뜻이다. 그러나 '마천루의 저주'란 말처럼 인류는 초고층의 빌딩을 지은 뒤 나라가 심각한 경제 위기에 빠진 사례가 많다. 마천루는 엄청난 예산이 드는 대규모의 공사이기 때문에, 건물을 다 짓고 나면, 국민 경제가 불황에 빠질 위험이 크기 때문이다. 구약 성서에서 인간은 왜 바벨탑을 쌓았을까? 그리고 신은 왜 바벨탑을 허물고 인간이 뿔뿔이 흩어지는 벌을 주셨을까? 예나 지금이나 인간의 과도한 욕심이 문제인 것 같다.

‘天’은 하늘을 받치고 있는 거대한 사람의 모습을 본뜬 글자다. 중국 신화에 따르면 최초의 세상은 하늘과 땅이 없는 혼돈의 상태였다. 그런데 반고(盘古)가 커다란 알을 깨고 나오면서 가벼운 기운은 위로 올라가 하늘이 되었고 무거운 기운은 아래로 내려가 땅이 되었다. 그리고 반고는 하늘과 땅이 다시 붙을 것을 염려해 팔과 다리를 뻗어 손바닥으로는 하늘을 받치고, 두 발로는 땅을 지지하면서 매일 자신의 키를 한 자씩 키웠다. 이렇게 天은 인간의 정수리와 맞닿는 곳, 하늘이 된 것이다. 이처럼 하늘은 무한대로 열린 공간이란 뜻으로 ‘天空’이라 부르게 되었고, ‘天地’는 하늘과 땅, 온 세상을 아우르는 말이 되었다.

天空 tiānkōng — 하늘, 공중

白云飘浮在蓝蓝的天空上。
흰 구름이 파란 하늘에 두둥실 떠 있다.

天地 tiāndì — 하늘과 땅, 온 세상

我们要靠自己的努力闯出一片天地。
우리는 스스로의 노력으로 이 세상을 개척해 가야 한다.

고대에 하늘은 인간에게 두려움과 공경의 대상이었다. 인간의 길흉화복은 모두 하늘로부터 온다고 생각했기 때문이다. 따라서 옛 사람들은 가뭄과 홍수, 폭풍 등 자연재해로부터 생명을 보존하고, 농사를 지어 풍성한 수확을 거두기 위해 매년 하늘을 향해 제사를 드렸다. 이처럼 하늘은 곧 신과 같은 존재로, ‘天帝’는 초자연적인 절대자, 하늘의 신을 가리킨다. 또, 하늘을 대신하여 천하를 다스리는 자는 '天子'라 하고, 하늘에 있는 신성한 집은 '天堂'이라 하였다. 중국 속담에 "上有天堂，下有苏杭"라는 말이 있으니, 하늘에는 천당이 있지만 땅에는 소주와 항주가 있다는 뜻이다. 즉, 소주와 항주는 하늘의 천당과 버금갈 만큼 아름다운 지역이란 뜻이다.

天帝 tiāndì — 천제, 상제

古代的中国人称天上的统治者叫天帝。
고대 중국인은 하늘의 통치자는 천제라 불렀다.

天子 tiānzǐ — 천자, 황제

曹操挟天子以令诸侯。
조조는 천자를 끼고 제후를 호령했다.

天堂 tiāntáng — 천당, 천국

上有天堂，下有苏杭。
하늘에는 천국이 있고 땅에는 쑤저우와 항저우가 있다

天은 태어날 때부터 타고난 것을 나타내기도 한다. 예컨대, '天赋'는 '하늘이 주다, 부여하다'는 뜻으로 '天性'은 선천적으로 타고난 성격이나 성품을 뜻하고, '天分'과 '天资'는 하늘이 내린 뛰어난 실력과 재능을 뜻한다. 또 '天才'는 선천적으로 지능이 높은 사람, 또는 어떤 방면에서 천재적인 재능을 갖고 있는 사람을 가리킨다.

天赋
tiānfù

천부적이다, 타고나다

她从小就表现出了在美术方面的天赋才能。
그녀는 어렸을 적부터 미술방면에 천부적인 재능을 보였다.

天性
tiānxìng

천성, 태어날 때부터 가진 성격

这孩子天性充满好奇，什么事都问个究竟。
이 아이는 천성적으로 호기심이 많아서 어떤 일이든 자초지종을 캐묻는다.

天才
tiāncái

천재

大家都说他是个音乐天才。
사람들은 모두 그 사람을 음악 천재라 한다.

天分
tiānfèn

타고난 자질, 재능 = 天资

我好像没有运动的天分。
나는 운동에 타고난 소질이 없는 것 같다.

하늘은 산과 바다, 다양한 동식물과 함께 대자연의 일부다. 따라서, 天은 사람이 인위적으로 만들고 변화시킨 것이 아닌 원래부터 존재하던 것, 자연의 상태를 나타내기도 한다. 즉, '天然'은 사람의 힘이 가해지지 않은 자연의 상태를 가리키고, '天真'은 거짓 없고 순수한 마음을 가리킨다.

天然
tiānrán

자연의, 천연의

這是韩国产的天然珍珠。
이것은 한국산 천연 진주이다.

天真
tiānzhēn

천진한, 순수한

这孩子总是天真活泼的。
이 아이는 항상 천진하고 명랑하다.

하늘에는 매일 해와 달이 뜬다. 낮이 있으면 밤이 있고, 여름이 있으면 겨울이 있기 마련이다. 따라서 하늘을 나타내는 '天'은 시간적 개념을 나타낸다. '今天', '明天', '昨天' '后天'는 24시간 단위의 비교적 짧은 시간을 나타내고, '春天', '夏天', '秋天', '冬天'는 이보다 긴 시간을 표현한다. 또, '天长地久'는 '이 세상에 하늘과 땅이 존재했던 시간'이란 뜻으로 아주 길고 영원한 시간을 표현하는 말이다. 특히, 天长地久는 영원하고 변함없는 사랑을 가리키는 경우가 많으며, 90년대, 유덕화 주연의 영화 제목이기도 하다.

- 今天 [jīntiān] 오늘
- 明天 [míngtiān] 내일
- 昨天 [zuótiān] 어제
- 后天 [hòutiān] 모레
- 春天 [chūntiān] 봄
- 夏天 [xiàtiān] 여름
- 秋天 [qiūtiān] 가을
- 冬天 [dōngtiān] 겨울

天长地久
tiānchángdìjiǔ

**천장지구,
하늘과 땅처럼 영원히 변함이 없다**

希望我们的友谊天长地久。
우리의 우정이 하늘과 땅처럼 영원하길 바란다.

또, 하늘은 날씨와 기후를 나타내기도 한다. 바람과 비, 눈은 하늘에서 변화하고 움직이기 때문이다.

晴天
qíngtiān

맑은 날씨

如果明天是晴天，我们就去动物园玩儿吧。
내일 날씨가 맑으면 우리 동물원으로 놀러 갑시다.

阴天
yīntiān

흐린 날씨

因为阴天，我的心情也不好。
날이 흐리니 내 기분도 좋지 않다.

雨天
yǔtiān

비 오는 날씨

雨天，开车要特别小心。
비 오는 날에는 운전을 특히 조심해야 한다.

天은 높이가 높은 건축물을 부르는 경우가 많다. 예컨대, 하늘의 현상을 관측하고 연구하기 위해서 만든 시설은 '天文台'이고, 하늘에 떠 있는 높은 다리는 '天桥', 방에서 가장 높은 곳인 천장은 '天花板'이라 한다.

天文台
tiānwéntái

천문대

这是我们国家最大的天文台。
이곳은 우리나라에서 가장 큰 천문대이다.

天花板
tiānhuābǎn 천장

🏷 他在房间里呆呆地望着天花板。
그는 방 안에서 우두커니 천장만 쳐다보고 있었다.

天桥
tiānqiáo 육교, 구름다리

🏷 过了天桥，往右拐就到银行了。
육교를 건너 오른쪽으로 돌면 바로 은행이다.

옛날에 한 번도 과거에 합격한 인재가 없는 어떤 시골 마을이 있었다. 사람들은 이곳을 미개한 땅이라 하여 천황(天荒)이라는 이름을 붙였다. 천황이란 천지가 아직 열리지 않은 혼돈의 상태를 뜻한다. 그런데, 어느 날 유세라는 사람이 이 마을에서 처음으로 과거에 합격했다. 사람들은 마침내 이곳도 천황을 깬 사람이 나타났다고 하여 이때부터 '破天荒'이란 말을 쓰기 시작했다. 즉, '破天荒'은 이전까지 아무도 해내지 못했던 일을 누군가 처음으로 이루어 낸다는 뜻이다. 중국사람들은 '파천황'의 사건처럼 일찍이 유래를 찾기 힘든 일, 놀라운 사건을 묘사할 때 '空前绝后', '前所未闻'라는 표현을 쓴다.

⊘ 空前绝后 [kōngqiánjuéhòu] 이전에도 없고, 이후에도 없다
⊘ 前所未闻 [qiánsuǒwèiwén] 이전에 들어본 적이 없다. 미증유

破天荒
pòtiānhuāng 파천황

🏷 在我们学校的校史上，校长由女性担任是一件破天荒的事情。
우리 학교 역사상 여성이 교장을 맡는 것은 매우 이례적인 일이었다.

다음은 하늘과 관련하여 중국사람들이 자주 쓰는 대표적인 고사성어
다. 먼저, '天伦之乐'는 천륜(天倫)의 즐거움이다. 즉, '天伦'은 부모와
자식, 형제처럼 하늘이 맺어준 인연으로, 가족이 서로 예와 도리를 지키
면서 그 안에서 단란함과 즐거움을 누리다는 뜻이다. 또, '得天独厚'는
'하늘로부터 부여 받은 것이 홀로 두텁다'는 뜻으로, 남들에 비해 특별히
좋은 조건을 갖추다, 유난히 좋은 환경을 타고나다는 뜻이다.

天伦之乐 가족이 누리는 단란함
tiānlúnzhīlè

他退休以后享受跟家人在一起的天伦之乐。
그는 퇴직한 이후, 가족들과 함께 즐거움을 누리고 있다.

得天独厚 우월한 조건을 가지고 있다
détiāndúhòu

这城市比别的城市有得天独厚的优势。
이 도시는 다른 도시에 비해 우월한 조건을 가지고 있다.

🎧 3-08.mp3

A 看着晴天感觉心情都跟着变好了。

B 是呀，在这里都能看得到那远处的摩天楼呢。

A 很可惜最近不能经常看到这么晴朗的天气。

B 我看天气预报说后天天气转阴，趁着今天天气好的时候我们就去公园拍照吧!

A 맑은 하늘을 보니 마음까지 상쾌해지는 거 같아.

B 그러게. 여기서 저기 멀리 있는 고층 빌딩까지 보이네.

A 요즘은 이렇게 맑은 날씨를 자주 볼 수 없는 게 너무 안타까워.

B 일기예보 보니까 모레부터 다시 흐려진대. 오늘 날씨 좋을 때 우리 공원 가서 사진이나 찍자!

하나의 몸짓이 특별한 존재로,

내가 그의 이름을 불러 주었을 때, 그는 나에게로 와서 꽃이 되었다.

— 김춘수, 〈꽃〉

세상엔 관심을 가져야 보이는 것들이 많다. 항상 같은 자리에 있었던 존재도 관심을 갖기 전까지 보이지 않다가 이름을 불러주었을 때 나에게 특별한 무엇이 된다. 만약 누군가에게 투명인간처럼 이름도 없이 사라지는 그런 존재라면 얼마나 외롭고 슬픈 일이겠는가. 작은 꽃 한 송이에 존재의 의미를 더 하듯, 의미 있는 관계의 출발점은 상대의 이름을 알고 부르는 일이다.

꽃을 나타내는 글자 '花'는 대표적인 형성자다. 윗부분의 '艹' 는 꽃이 식물인 것을 나타내고, 아래 부분의 '化'는 글자의 음을 대신한다. 즉, 花는 종자식물의 번식기관으로, 꽃잎은 '花朵'라 한다. 꽃은 색깔과 형태가 다양하고 같은 꽃이라도 장식된 모양에 따라 부르는 이름이 많다. 예컨대, 묶음으로 된 꽃은 '花束'라 하고, 바구니에 담긴 꽃은 '花篮', 고리 모양으로 크고 둥글게 장식하여 만든 꽃은 '花圈'이라 한다.

花朵
huāduǒ

꽃잎, 꽃송이

五颜六色的花朵非常好看。
여러 가지 색깔의 꽃송이가 매우 아름답다.

花束
huāshù

꽃다발

我拿着花束去参加朋友的毕业典礼了。
나는 꽃다발을 들고 친구 졸업식에 참석했다.

花篮
huālán

꽃바구니

朋友的新店开张了，我送了一个花篮。
친구가 가게를 새로 오픈해서, 꽃바구니를 하나 선물했다.

花圈
huāquān

화환

我们在烈士墓前放着花圈以表示哀思。
우리는 열사 묘지 앞에 화환을 올려놓고 애도의 뜻을 표시했다.

중국에는 실제 꽃은 아니지만 겉모양이 마치 꽃과 비슷해서 '꽃'이라는 이름이 붙은 경우도 많다. 예컨대, 꽃송이처럼 굵게 엉기어 내리는 눈송이는 '雪花'라 하고, 밤하늘을 수놓는 오색 빛의 폭죽은 '烟花'라 부른다. 또 하얀 꽃처럼 튀겨진 팝콘은 '爆米花'이고, 돼지고기 삼겹살은 '五花肉'이다. 꽃을 통해 아름다움이 배가 된 참신하고 예쁜 이름들이다.

雪花
xuěhuā

눈송이, 눈꽃

天上飘着雪花。
하늘에서 눈송이가 흩날린다.

烟花
yānhuā

폭죽

华丽的烟花表演打造了盛典的结尾。
화려한 폭죽놀이가 축제의 마무리를 장식했다.

爆米花
bàomǐhuā

팝콘

我跟男朋友吃着爆米花看着电影。
나는 남자친구랑 팝콘을 먹으면서 영화를 보았다.

五花肉
wǔhuāròu

삼겹살

我最喜欢的韩国菜就是烤五花肉。
내가 가장 좋아하는 한국 음식은 삼겹살 구이다.

꽃은 뭐니뭐니해도 아름다움의 상징이다. 꽃이라 하면 흔히 여성의 아름다움만 생각하지만 요즘에는 '꽃미남', '꽃할배'란 말처럼 남성을 꽃에 비유하기도 한다. 중국에서도 학교를 대표해 가장 예쁜 여학생은 '校花'라 하고, 가장 잘 생긴 남학생은 '校草'라 한다. 이들은 외모가 훌륭할 뿐 아니라 교우관계도 원만하고, 학교 성적까지 우수한 학생으로 그야말로 범접하기 힘든 매력의 소유자이다. 校花, 校草는 원래 타이완에서 처음 시작한 유행어지만 현재는 중국에서도 '캠퍼스 퀸카', '캠퍼스 킹카'라는 뜻으로 널리 쓰이고 있다.

⊘ 校草 [xiàocǎo] 캠퍼스 킹카, 학교에서 가장 잘생긴 남학생

校花
xiàohuā

캠퍼스 퀸카, 학교에서 가장 예쁜 여학생

◇ 她是我们大学公认的校花。
그녀는 우리 대학에서 인정한 퀸카이다.

꽃이든 사람이든 겉모습이 화려할수록 사람들의 눈에 잘 띄고 큰 매력으로 다가온다. 따라서 꽃은 비유적으로 달콤한 말, 속임수, 수법 등을 나타내기도 한다. 예컨대, '花言巧语'는 남에게 비위를 맞추는 말, 그럴듯하게 포장하는 말이며, '花招'는 속임수, 술수란 뜻이다. 그러나 소문난 잔치에 먹을 것이 없고, 빈수레가 요란하듯, 달콤한 말 일수록 실속 있는 경우가 드물다. 중요한 것은 보이지 않는 내면과 진실된 마음이다.

花言巧语
huāyánqiǎoyǔ

감언이설, 달콤한 말을 하다

◇ 他很狡猾的，不要被他花言巧语所迷惑。
그는 아주 교활한 사람이에요, 그의 감언이설에 넘어가지 말아요.

花招 huāzhāo
속임수, 수작

◇ 你别想跟我要什么花招。
당신 나한테 무슨 수작 부릴 생각은 하지도 마세요.

이 밖에, 애정이 한결같지 않은 마음은 꽃술에 비유하여 '花心'이라 하고, 바람둥이는 '花花公子'라 부른다. 또 '交际花'는 '사교계의 꽃'이란 뜻으로 미모와 지성을 겸비한 여성을 가리킨다. 交际花는 원래 교제의 폭이 넓은 여성을 긍정적으로 표현한 말이었지만 시간이 지나면서 점차 그 의미가 변질되어 요즘에는 바람기 있는 여성, 화류계의 여성을 부정적으로 부르는 말로도 쓰인다.

花心 huāxīn
꽃술, 바람기, 애정이 한결같지 않다

◇ 我绝对不相信我男朋友会花心。
난 절대로 내 남자친구가 바람기가 있다고 믿지 않는다.

花花公子 huāhuāgōngzǐ
플레이보이, 바람둥이

◇ 他在我们学校里是有名的花花公子。
그는 우리 학교에서 소문난 바람둥이다.

交际花 jiāojìhuā
사교계의 꽃

◇ 那个女孩子是出了名的交际花。
그 여성은 사교계의 꽃으로 이름 난 여성이다.

우리가 20세 전후의 꽃다운 나이를 '방년(芳年)'이라 하듯, 중국은 여성의 아름다움이 최고에 달한 시기를 '花季'라 부른다. 한때 우리나라에서 인기를 끌었던 왕가위 감독의 〈화양연화(花样年华)〉란 영화 제목도 젊고 아름다운 여성의 나이를 뜻하는 말이다. 그러나 사람이 꼭 나이가 젊어야 아름다운 것은 아니다. 중국사람들은 60의 나이도 젊음 못지 않게 아름다운 시기라 하여 회갑(回甲)이나 환갑(還甲)을 '花甲'라 부르기도 한다.

⊘ 花样年华 [huāyàngniánhuá] 화양연화. 여성이 가장 아름다운 시기

花季
huājì

꽃다운 나이

🏷 我早已过了花季的年龄。
나는 이미 꽃다운 나이를 넘겼다.

花甲
huājiǎ

환갑

🏷 这个星期六是我父亲的花甲寿宴。
이번 주 토요일은 우리 아버지 환갑잔치입니다.

우리말에 '달리는 말 위에서 산을 본다'는 뜻의 주마간산(走馬看山)이라는 사자성어가 있다. 이는 어떤 일을 할 때 자세히 살피지 않고 수박 겉핥기 식으로 대충대충 보고 지나간다는 뜻이다. 하지만 중국에서 '주마간산'은 '走马看花'라고 한다. 달리는 말 위에서 산이 아닌 꽃을 본다는 점이 우리와 다르다. 산이든 꽃이든 달리는 말 위에서는 진정한 모습을 살피기 어렵다. 산을 알고 꽃의 향기를 느끼기 위해서는 반드시 말 위에서 내려와야 하는데 이것은 중국어로 '下马看花'라 한다. 어떤 대상을

자세히 살피고 연구하다는 뜻이다.

⊘ 下马看花 [xiàmǎkànhuā] 자세히 조사하고 연구하다

走马观花
zǒumǎkànhuā
대충대충 보고 지나가다

他们走马观花地参观了博物馆。
그들은 박물관을 대충 보고 지나갔다.

花는 꽃이 연상되는 글자지만 동사로 '시간이나 돈을 쓰다'는 뜻도 중요하다. 그런데 하필 꽃을 가리키는 글자에 소비(消费)의 뜻을 담게 되었을까? '花'의 동사적 용법은 본래 '化'에서 시작했다. 化는 '~을 없애버리다', '변화시키다'는 뜻으로, 고대문헌에는 '돈을 쓰다'는 표현을 '化钱'이라 쓴 예가 많다. 이후, 化와 형태와 발음이 비슷한 글자, '花'가 생기면서 '돈이나 시간 등을 소비하다'는 말을 '花钱', '花时间'이라 표현하게 된 것이다.

花钱
huāqián
돈을 쓰다, 소비하다

他工资也不多，可花钱却大手大脚的。
그는 월급이 많지도 않은데 씀씀이가 아주 헤프다.

花时间
huāshíjiān
시간을 쓰다

谢谢你花这么多时间来帮我。
이렇게 많은 시간을 내서 도와주셔서 감사합니다.

🎧 3-10.mp3

A 你看看，她是不是很漂亮？

B 真的很漂亮，她是谁呀？

A 她是我们班的班长。
不仅长得漂亮，学习也很好。

B 真的吗？能不能介绍给我认识一下？

A 醒醒吧，她男朋友也是我们学校的校草。

A 봐봐, 쟤 진짜 예쁘지 않니?
B 진짜 예쁘다, 누군데?
A 우리 반 반장이야. 얼굴도 예쁜데 공부도 잘해
B 진짜? 나 좀 소개해주면 안돼?
A 꿈 깨. 쟤 남자친구도 우리 학교 킹카야.

06

🎧 3-11.mp3

살아 움직이는 힘,

우리말에 사람의 움직임, 힘과 관련한 말에 '기(氣)'가 들어간 표현이 많다. 예컨대, 사람이 기세등등한 것은 '기가 살았다'고 하고, 풀이 죽어 의기소침한 것은 '기가 죽었다'고 한다. 또 어처구니 없는 일을 당해 어이가 없는 것은 '기가 차다' 혹은 '기가 막힌다'고 하며, 어떤 힘이나 세력이 점점 약해지는 것은 '기가 쇠하다'고 말한다. 여기서 기는 곧 우리 몸의 원동력으로, 사람을 살아있게 하는 생명의 근원과 같다. 氣는 본래 땅에서 올라온 기체가 구름이 되어 하늘에 떠 있는 모습을 그린 상형문자이나, 시간이 지나면서 자연의 변화, 살아 움직이는 힘, 우주 만물의 모든 기운을 가리키는 넓은 의미로 사용하게 되었다.

기(氣)는 형상이 없어 볼 수도 없고 만질 수도 없다. 하지만 기는 멈춰 있지 않고 항상 형태를 바꾸며 하늘과 땅 사이를 순환한다. 동양 철학에서 기는 '聚散'이라 하여, 기가 모이면 물질이 되고, 물질이 흩어지면 다시 기로 돌아가는 것이라 했다. 이처럼 气는 순환하는 공기의 움직임을 나타낸 글자로 기와 관련한 어휘는 자연의 움직임, 날씨와 기후를 나타내는 단어가 많다.

⊘ 聚散 [jùsàn] 집산. 모이고 흩어지다

날씨

🏷 天气预报说，今天下午要下雨了。
일기예보에 오늘 오후에 비가 올 거래요.

기후

🏷 我觉得韩国的气候四季分明。
내 생각에 한국의 기후는 사계절이 뚜렷하다.

气压
qìyā

기압

🏷 这个气压表表明气压正在继续下降。
이 기압계는 지금 계속 기압이 떨어지고 있는 것을 보여주고 있다.

기온

🏷 一般来说，南京夏天最高气温可达到40度。
일반적으로 남경 여름은 최고온도가 40도까지 올라간다.

기가 약하면 병에 걸리기 쉽고 기가 끊어지면 정신을 잃게 된다. 이것은 혼탁한 물에 사는 물고기가 병에 들기 쉽고, 물이 마르면 결국 물고기가 죽는 것과 같다. 气는 사람의 코와 입에서 들고 나가는 기운으로 호흡은 '气息'라 하고, 답답하거나 긴장했을 때 길게 내쉬는 한숨은 '叹气', 가쁘고 거친 숨은 '喘气'라 한다. 또 사람이 숨만 겨우 들이킬 뿐, 기력 없이 축 늘어진 상태는 '有气无力'라 한다.

气息
qìxī

숨, 정취

这里充满了他生活过的气息。
이곳은 그 사람이 생활했던 정취가 가득하다.

叹气
tànqì

탄식하다, 한숨 쉬다

我最近不知不觉中一直叹气着。
요즘 나도 모르게 계속 한숨이 나온다.

喘气
chuǎnqì

숨을 헐떡이다, 숨이 차다 = 喘息

他一口气登上了15楼，就大口大口地喘气了。
그는 한숨에 15층까지 올라오더니, 숨을 헉헉 몰아 쉬었다.

有气无力
yǒuqìwúlì

숨만 들이킬 뿐 기력이 없다

他没精打采地坐在椅子上，有气无力的样子。
그는 전혀 기력이 없는 모습으로 맥없이 의자에 앉아 있다.

　행복해지기 위해서는 몸에 좋은 기가 흘러야 한다. 기 순환이 잘 되는 사람은 얼굴색이 좋고 성격이 쾌활하지만 기가 잘 돌지 않으면 얼굴이 창백하고 허약하다. 이처럼 기는 사람의 건강상태를 나타내기도 해서 얼굴색이 좋은 것은 '气色好'라 하고, 얼굴색이 좋지 않은 것은 '气色不好'라 한다. 또 개인의 성격과 기질은 '气质'라 하며, 주위를 둘러싸고 있는 분위기, 기운은 '气氛'이라 한다.

气色 qìsè **얼굴빛, 안색**

今天你的气色看起来不太好，有什么事吗？
얼굴빛이 왜 이렇게 안 좋아, 무슨 일 있어?

气质 qìzhì **기질, 성격**

她不仅长得很漂亮，而且气质也高雅。
그녀는 얼굴도 예쁜데 분위기도 우아하다.

气氛 qìfēn **주위를 둘러싸고 있는 기운, 분위기**

这儿的气氛也好，音乐也好。
여기 분위기도 좋고 음악도 좋다.

　기가 약한 사람은 자신감이 없고 추진력이 떨어지지만, 굳센 기운을 가진 사람은 씩씩하고 '勇气'가 있다. 맹자는 넓고 크게 뻗친 기운, 세상에 거리낄 것 없는 굳센 용기를 '浩然之气(호연지기)'라 했다. 이처럼 기는 사람의 성격과 감정을 나타내기도 해서, 어떤 어려움도 이겨내려는

굳센 기상과 패기는 '朝气'라 하고, 이와 반대로 기가 빠져 풀이 죽고 자
신감이 없는 것은 '泄气'라 한다. 또 脾气는 한 사람의 성격이나 성질을
나타내는 말로, '发脾气'라 하면 성질을 부리다, 화를 내다는 뜻이다.

⊘ 浩然之气 [hàoránzhīqì] 호연지기

勇气
yǒngqì

용기

🏷 我真佩服他们的勇气。
난 그들의 용기에 진심으로 감탄했어.

泄气
xièqì

풀이 죽다, 자신감을 잃다

🏷 无论遇到什么情况，不要泄气。
어떤 상황이 닥쳐도 절대 기죽지 말아요.

朝气
zhāoqì

패기, 생기

🏷 他是朝气蓬勃的年轻人。
그는 패기가 넘치는 젊은이이다.

发脾气
fāpíqi

화내다, 성질부리다 = 生气

🏷 这点小事你值得生那么大的气吗？
이렇게 작은 일로 그렇게 화낼 필요가 있니?

중국어로 운수는 '运气'라 하며, 자신의 일을 하늘의 운명에 맡기는 것
은 '碰运气', 또는 '靠运气'라 한다. 두 단어는 우리말로 모두 '운에 맡

기다'는 뜻이지만 노력의 유무에 따라 쓰는 상황이 다르다. 碰运气는 아무런 노력도 하지 않고 그저 좋은 일이 생기길 바란다는 뜻인 반면, 靠运气는 이미 상당한 노력을 기울인 후, 그 결과를 하늘에 뜻에 맡긴다는 뜻이다. 일반적으로 靠运气는 碰运气에 비해 겸손의 뜻을 담는 경우가 많다.

碰运气 pèngyùnqi 운에 맡기다

今天我要买彩票，想去碰碰运气。
오늘 복권을 사보려고, 운이 좋았으면 좋겠다.

靠运气 kàoyùnqi 운에 맡기다

我能考上好的大学都是靠运气的。
내가 좋은 대학에 들어가는 것은 모두 하늘의 뜻이다.

한국어로 '객기(客氣)'란 객쩍게 부리는 혈기란 뜻으로 버릇없고 무모한 행동, 욱하는 마음을 가리킨다. 그러나 중국어로 '客气'는 예의 바르다, 겸손하다는 뜻으로 긍정적인 표현이다. 한국에서는 함부로 객기(客氣)를 부리면 안되겠지만 중국에서는 때와 장소에 따라 적절한 '客气'를 차려야 할 일이 많다.

客气 kèqi · 예의 바르다, 겸손하다

你别客气，多吃点儿。
어려워하지 말고 많이 드십시오.

🎧 3-12.mp3

A 你今天怎么这么没劲儿啊？有什么事吗？

B 我的上司动不动就对我发脾气，今天又朝我发脾气了，说我动作很慢。

A 我觉得遇见好的上司也是一种运气啊。

B 所以说嘛，我每天下班回家都会感觉全身无力。

A 너 오늘 왜 이렇게 기운이 없어? 무슨 일 있어?

B 우리 상사는 걸핏하면 나한테 화를 내. 오늘도 나보고 행동이 느리다고 화를 내는 거야.

A 내 생각에 좋은 상사 만나는 것도 운인 것 같아.

B 내 말이. 난 매일 회사만 다녀오면 온 몸에 기운이 다 빠지는 거 같아.

생명의 근원,

水는 물의 규모에 따라, 흐르는 형태에 따라, 위치에 따라 부르는 말이 다양하다. 먼저, '泉'은 물이 솟아나는 작은 샘이다. 즉, 泉은 白와 水가 만난 글자로 물의 원천이고, 깨끗함의 상징이다. 다음, '池'는 연못이고, '湖'는 연못보다 규모가 크고 깊은 호수를 가리킨다. 池와 湖는 육지에 고인 물이란 데 공통점이 있다. 또 강이나 하천은 江 또는 河이라 하는데, 이때 '江'은 長江(양쯔강)의 준 말이고, '河'는 黃河(황하)의 준말이다. 마지막으로 '海'는 육지에서 비교적 가까운 바다를 가리키고, '洋'은 육지에서 멀리 떨어진 규모가 큰 바다를 뜻한다. 대서양, 태평양, 인도양 등을 '해(海)'라 부르지 않는 것은 바로 해와 양의 차이 때문이다.

중국사람들은 여름에도 찬 물을 잘 먹지 않고 따뜻한 물에 차를 우려 먹는 일이 많다. 그러다 보니 사계절 내내 항상 개인 물통을 가지고 다니면서 뜨거운 물을 찾는 경우가 많다. 이렇게 물통에 물을 담는 것, 물을 뜨는 것을 '打水'라 말한다. 반대로 저장한 물을 흘려 보내는 것은 '排水' 또는 '放水'라 한다. 그러나 두 단어는 고여있던 물을 밖으로 흘려 보낸다는 점에서 뜻이 비슷하지만 용법상 차이가 있다. 먼저, '排'는 배열하다는 뜻으로 排水는 논밭에 가지런히 고랑을 쳐서 물을 대는 것, 또는 공장에서 배수관을 통해 물을 흘려 보내는 것을 가리킨다. 반면, 放水는 排水처럼 '배열'의 의미는 없고, 단순히 안에 있던 물을 밖으로 흘려 보낸다는 뜻이다. 또 放水는 어떤 경기에서 우리편이 상대편에게 고의로 져준다는 비유적 의미도 있다.

打水 dǎshuǐ
물을 뜨다,
물을 긷다

家里突然停水了，爸爸拎着水桶去打水。
집에 갑자기 물이 끊겨서 아버지가 물통을 들고 물을 길러 가셨다.

放水 fàngshuǐ
물을 내보내다,
운동 경기에서 고의로 상대편에게 지다

由于今年夏天旱灾很严重，农民们决定开闸放水。
올해 가뭄이 심각해서 농민들은 수문을 열어 물을 내보내기로 결정했다.

排水 páishuǐ
물을 내보내다,
배출시키다

这块土地有很好的排水设施。
이 땅은 정말 좋은 배수 시설이 있다.

다음은 水와 관련한 동사 표현으로 '流水'는 물이 흐르는 것을 나타내고, '漏水'는 구멍이나 틈 사이로 물이 새다는 뜻이다. 또, '浇水'는 꽃이나 잔디에 물을 주는 것을 말하며, '潜水'는 물 속으로 들어가는 것, 잠수하다는 뜻이다. 우리말에서 주변에 알리지 않고 갑자기 종적을 숨기는 것을 '잠수타다'고 말하는 것처럼 중국사람들도 문자나 메일로 연락을 했는데 답변이 없는 것을 潜水라 한다.

流水
liúshuǐ

물이 흐르다

时间像流水一样就过去了。
시간은 마치 물 흐르듯 지나가버렸다.

漏水
lòushuǐ

물이 새다

这几天厨房的水龙头一直在漏水，需要维修。
요 며칠 주방 수도꼭지에서 계속 물이 새고 있어요, 수리해야 해요.

浇水
jiāoshuǐ

화초에 물을 주다, 물을 뿌리다

妈妈正在给花浇水。
어머니는 지금 꽃에 물을 주고 계신다.

潜水
qiánshuǐ

잠수하다

这种天气去海里潜水很危险。
이런 날씨에 바다로 잠수하러 가는 것은 매우 위험하다.

　또 중국어로 더럽고 오염된 물은 '污水', '废水' 라 하고, 이것을 깨끗하게 정화시킨 물은 '清水', '净水'라 한다. 장자는 '君子之交淡如水'이라 했으니, 군자의 사귐은 깨끗한 물과 같아서 영원히 변하지 않는다는 뜻이다. 그런데 이와 반대로 물이 너무 맑으면 고기가 살 수 없다는 '水至清，则无鱼。'란 말도 있다. 이는 사람이 너무 청렴해서 단점이 없으면 주변에 사람이 모이지 않는다는 뜻이다.

污水
wūshuǐ — 오수, 오염된 물

这是关于生活污水处理的方案。
이것은 생활 오수 처리에 관한 방안이다.

废水
fèishuǐ — 폐수

工业废水会污染环境。
공업폐수는 환경을 오염시킨다.

净水
jìngshuǐ — 정화수, 깨끗한 물

这是净水，你可以放心饮用。
이건 정화수에요, 안심하고 마셔도 좋습니다.

清水
qīngshuǐ — 맑은 물

你先用清水洗洗脸吧。
먼저 맑은 물로 얼굴부터 좀 씻어라.

　중국은 큰 산맥과 강, 호수를 중심으로 지역을 나누는 경우가 많다. 황하(黃河)를 중심으로 북쪽을 허베이성(河北省)이라 하고, 남쪽을 허난성(河南省)이라 한다. 또 장강 중류의 큰 호수인 동정호(洞庭湖)를 중심으로 북쪽은 후베이성(湖北省), 남쪽을 후난성(湖南省)으로 나눈다. 이때, 양쯔강, 황하와 같이 넓고 길게 흐르는 물줄기는 '江水' 또는 '河水'라 하고, 호수는 '湖水'라 한다. 또 강과 호수처럼 염분이 없는 민물은 '淡水'라 하며, 민물과 달리 짭잘한 맛이 나고 세상의 모든 물줄기를 받아들이는 바닷물은 '海水'라 한다.

- 江水 [jiāngshuǐ] 강물. 고대 양쯔강(长江)을 부르던 말
- 河水 [héshuǐ] 강물. 고대 황하(黃河)를 부르던 말

湖水　호수
húshuǐ

平静的湖水就像一面镜子。
잔잔한 호수가 마치 거울과 같다.

淡水　강이나 호수처럼 염분이 없는 민물
dànshuǐ

有些鱼出生在淡水流域，成长在海水里。
어떤 물고기들은 민물에서 태어나서 바다에서 성장한다.

海水　바닷물
hǎishuǐ

我们吃的食用盐是从海水中提取，加工出来的。
우리가 먹는 소금은 바닷물에서 채취하여 가공한 것이다.

　　물은 몸 속에서 물질대사를 통해 노폐물을 체외로 배출시킬 뿐 아니라 추위나 더위 같은 외부 환경으로부터 몸을 보호해 준다. 이처럼 물은 인간의 몸에서 '汗水', '口水', '泪水' 등 다양한 형태로 존재한다.

汗水 땀
hànshuǐ

打了羽毛球，我全身都让汗水湿透了。
배드민턴을 쳤더니 내 온몸이 땀으로 젖었다.

口水 침
kǒushuǐ

我家的狗光看到烤肉就流口水了。
우리집 개는 고기만 보면 군침을 흘린다.

泪水 눈물
lèishuǐ

我看了那部电影流下了感动的泪水。
나는 그 영화를 보고 감동의 눈문을 흘렸다.

　　기타 자주 쓰는 생활 중국어 단어는 다음과 같다. '矿泉水'는 깨끗한 물, 생수를 가르키는 말이고, '汽水'는 사이다나 콜라처럼 탄산이 들어가 있는 음료수를 뜻한다. 또 향수는 '香水'라 하고, 잉크는 '墨水'이다. 한편, 물이 아닌데 水라 부르는 단어가 있으니, 바로 '薪水'가 그렇다. '薪'은 땔나무, 땔감을 가리키는 한자로, 薪水는 나무를 하고 물을 긷는다는 뜻이다. 과거에 땔감과 물은 사람이 살아가는데 반드시 필요했던 자원이었기 때문에 薪水가 오늘날 임금이나 급여를 뜻하는 말이 되었다.

汽水
qìshuǐ

탄산 음료수

这个汽水没什么气了，不好喝。
이 음료수는 김이 다 빠져서 맛이 없다.

墨水
mòshuǐ

잉크

打印机没有墨水了。
프린터기에 잉크가 다 떨어졌다.

香水
xiāngshuǐ

향수

从他身上闻到了淡淡的香水味儿。
그의 몸에서 은은한 향수 냄새가 났다.

矿泉水
kuàngquánshuǐ

생수

能帮我买一瓶矿泉水吗？
생수 한 병만 사다 줄 수 있나요?

薪水
xīnshui

급여, 임금

他一直对自己的薪水感到不满。
그는 줄곧 자기 임금에 대해 불만족을 느꼈다.

🎧 3-14.mp3

A 今天真的是太热了。南京天气竟然这么热。

B 南京，武汉，重庆被称为是中国的三大火炉。

A 衣服都被汗湿透了，
感觉是因为湿度高所以更热。

B 我们赶紧去买瓶矿泉水喝吧，要渴死了。

A 와, 오늘 진짜 덥다. 난징 날씨가 이렇게 덥다니…
B 난징, 우한, 충칭이 중국 3대 불가마라고 하잖아.
A 옷이 땀으로 흠뻑 젖었네. 습도가 높아서 더 더운 것 같아.
B 우리 얼른 시원한 생수나 한 병 사먹자. 목 말라 죽겠어.

울음소리를 본뜬 동물의 이름

아기들은 동물의 울음소리를 따라하면서 자연스럽게 이름을 익혀가는 경우가 많다. 가령, 개구리는 '개굴개굴' 울어서 개구리이고, 뻐꾸기는 '뻐꾹뻐꾹' 울어서 뻐꾸기인 식이다. 중국어로 동물의 울음소리를 본뜬 이름은 다음과 같다.

喵喵[miāomiāo] '야옹' ⋯ 猫[māo]		**고양이**
哞哞[mōumōu] '음매' ⋯ 牛[niú]		**소**
布谷布谷[bùgǔbùgǔ] '뻐꾹뻐꾹' ⋯ 布谷[bùgǔ]		**뻐꾸기**
知了知了[zhīliǎozhīliǎo] '맴맴' ⋯ 知了[zhīliǎo]		**매미**
咕咕[gūgū] '구구' ⋯ 鸽子[gēzi]		**비둘기**
呱呱[guāguā] '개굴개굴' ⋯ 蛙[wā]		**개구리**
叽叽[jījī] '짹짹, 삐악삐악' ⋯ 小鸡[xiǎojī]		**닭**

4

생활에서 배우다

아하, 그렇구나! 중국식 줄임말, 모르면 听不懂!

01

삶의 일부, 신발에 관하여

한 사람이 지금까지 살아온 경력이나 경험을 이력(履歷)이라 한다. 여기서 이(履)는 '땅을 밟다, 걷다'란 뜻으로 고대 중국에서 신발은 '履[lǚ]'라 부르기도 했다. 즉, '이력'이란 한 사람의 과거와 현재를 말해주는 인생이며 신발의 역사인 것이다. 반면, 우리는 신발을 가리킬 때 '화(靴)'라는 한자어를 많이 쓴다. 이는 현대 중국에서 신발의 총칭을 '鞋[xié]'라 하는 것과 같다. 하지만 중국에서 '靴[xuē]'는 우리말과 쓰임이 다르다. 우리는 운동화, 장화, 실내화 등 모든 종류의 신발을 화(靴)로 표현하지만, 중국 사람들은 목이 길게 올라와 있는 부츠 종류의 신발만 '靴'라 한다.

⊘ 履 [lǚ] (고대 중국에서) 신발을 부르던 이름
⊘ 鞋 [xié] (현대 중국에서) 신발의 총칭
⊘ 靴 [xuē] 부츠 종류의 신발

요즘엔 신발 종류가 많아도 참 많다. 현대인에게 신발은 단순히 발을 보호하는 물건이 아닌 한 사람의 성격과 취향, 분위기를 표현하는 중요한 수단이 되었다. 운동화만해도 모양에 따라, 용도에 따라, 재료에 따라 부르는 말이 제각각이다. 예컨대, 축구할 때 신는 운동화는 '足球鞋'라 하고, 농구화는 '篮球话', 조깅화는 '慢跑鞋', 등산화는 '登山鞋'라 한다.

- ⊘ 足球鞋 [zúqiúxié] 축구화
- ⊘ 慢跑鞋 [mànpǎoxié] 조깅화
- ⊘ 篮球鞋 [lánqiúxié] 농구화
- ⊘ 登山鞋 [dēngshānxié] 등산화

运动鞋 운동화
yùndòngxié

她有各种各样的运动鞋。
그녀는 여러 종류의 운동화를 갖고 있다.

'皮鞋' 역시 가죽의 종류, 디자인에 따라 부르는 이름이 많다. 먼저, 굽이 높은 여성용 하이힐은 '高跟鞋'라 하고, 굽 높이가 중간쯤 되는 구두는 '中跟鞋', 굽이 거의 없고 바닥과 평평한 플랫슈즈는 '平跟鞋'라 한다. 또 굽이 밑창까지 붙어있어서 마치 산의 비탈길처럼 경사진 웨지힐은 '坡跟鞋'라 하는데 여기서 跟은 모두 '발뒤꿈치'라는 뜻으로 쓰였다.

- ⊘ 中跟鞋 [zhōnggēnxié] 굽 높이가 중간쯤인 구두
- ⊘ 平跟鞋 [pínggēnxié] 굽이 거의 없는 '플랫슈즈'
- ⊘ 坡跟鞋 [pōgēnxié] 밑창과 굽이 연결되어 있는 '웨지힐'

皮鞋 구두
píxié

爸爸一回到家就把皮鞋和袜子脱了。
아버지는 집에 오시자마자 구두와 양말을 벗었다.

高跟鞋
gāogēnxié

굽이 높은 구두 '하이힐'

🏷 常常穿高跟鞋对女人身体不好。
하이힐을 자주 신으면 여성의 건강에 좋지 않다.

이 밖에도, 바람이 시원하게 잘 통해서 여름에 신기 좋은 '샌들'은 '凉鞋'이고, 뒤축 없이 바닥을 끌고 다니는 '슬리퍼'는 '拖鞋'이다. 또 천으로 만들어서 가볍고 활동성이 높은 '헝겁 신발'은 '布鞋', '장화'는 '雨鞋', '스케이트'는 '冰鞋'라 한다. 신발의 특징과 한자를 연관시켜 생각하면 쉽게 이해할 수 있다.

凉鞋
liángxié

샌들

🏷 这双凉鞋还有其他颜色吗？
이 샌들 다른 색깔 있나요?

拖鞋
tuōxié

슬리퍼

🏷 在屋里请穿拖鞋。
집 안에서는 슬리퍼를 신어주세요.

布鞋
bùxié

헝겁 신발

🏷 穿着这种布鞋很舒服。
이런 헝겁 신발을 신고 있으면 매우 편하다.

雨鞋 yǔxié　장화

下雨了，所以我穿雨鞋出去了。
비가 와서 나는 장화를 신고 외출했다.

冰鞋 bīngxié　스케이트

我们穿着冰鞋，玩得很高兴。
우리는 스케이트를 신고 매우 신나게 놀았다.

그런데 신발이 아닌데 ‘鞋’라 부르는 것이 있으니 바로 ‘童鞋’가 그렇다. 童鞋는 원래 치수가 작은 아동신발을 뜻하지만, 그 발음이 ‘同学’와 비슷해서 요즘에는 ‘학교 친구’를 친근하게 부르는 말로 중국에서 널리 쓰이고 있다.

同学 [tóngxué] 학교 친구

童鞋 tóngxié　아동신발, 학교 친구를 친근하게 부르는 말

这家公司专门做童鞋。
이 회사는 아동신발을 전문적으로 만든다.

우리는 신발은 ‘신는 것’이고 옷은 ‘입는 것’이라 말하지만 중국사람들은 신발을 신거나 옷을 입는 것을 모두 ‘穿’이라 한다. 즉, ‘穿鞋’는 신발을 신는 것이고, ‘穿衣服’는 옷을 입는 것이다. 반대로 신발이나 옷을 벗는 것은 ‘脱’ 동사를 써서 ‘脱鞋’, ‘脱衣服’라 한다. 그러나 신발과 옷을 제외하고 어떤 물건을 몸에 착용하거나 입는 동작은 대개 ‘戴’ 동사를 쓴

다. 예컨대, 모자를 쓰는 것은 '戴帽子'라 하며, 장갑을 끼는 것은 '戴手套', 목도리를 두르는 것은 '戴毛巾', 시계를 차는 것은 '戴手表'라 한다. 우리말은 대상에 따라 호응하는 동사가 모두 다르지만 중국어 표현은 우리말에 비해 훨씬 간단한 것을 알 수 있다.

- 戴手套 [dàishǒutào] 장갑을 끼다
- 戴帽子 [dàimàozǐ] 모자를 쓰다
- 戴围巾 [dàiwéijīn] 목도리를 두르다
- 戴手表 [dàishǒubiǎo] 시계를 차다

穿鞋
chuānxié

신발을 신다

他穿鞋的时候总是用鞋拔子。
그는 신발을 신을 때 항상 구둣주걱을 이용한다.

脱鞋
tuōxié

신발을 벗다

韩国人进屋的时候一定要脱鞋。
한국 사람들은 집에 들어올 때 반드시 신발을 벗어야 한다.

중국은 오랫동안 여성에게 전족(纏足)을 시켰던 아픈 역사가 있다. 전족은 여자 아이의 발을 천으로 꽁꽁 묶어서 더 이상 자라지 못하게 했던 중국의 악습 중 하나다. 그러나 맞지 않는 신발을 신으면 누구나 발이 아프고 고통스럽기 마련이다. 이것이 유래되어 중국에는 '작은 신발을 신다'는 '穿小鞋'란 말이 있다. 이는 힘을 가진 사람이 약한 사람에게 권력을 행사하고 못살게 군다는 뜻으로 일상에서도 자주 쓰는 표현이다.

穿小鞋
chuānxiǎoxié

因为我不同意老板的决定，他就给我穿小鞋。
내가 사장의 결정에 동의하지 않았다고 그는 나를 못살게 굴었다.

중국에는 '남에게 옷은 빌려 입어도 신발은 절대로 빌려 신지 않는다' 는 말이 있다. 고대 중국에서 신발은 여성의 성을 나타내는 일종의 상징으로 매춘하는 집을 알릴 때 대문 앞에 신발을 걸어 놓았기 때문이다. 대문에 걸어 놓았던 신발은 시간이 지나면서 점점 색이 바래지고 낡아졌다. 이렇게 낡은 신발은 사람들 사이에서 점차 부정적인 인식으로 자리 잡았고, 오늘날 남자관계가 문란한 여성을 가리킬 때 '破鞋'란 말을 쓰게 된 것이다. 중국에서는 함부로 입에 담지 말아야 할 말이다.

破鞋
pòxié

中国社会对女性有一个不好的称呼，就是'破鞋'。
중국 사회는 여성을 부르는 좋지 않은 말이 있는데 바로 '낡은 신발'이다.

🎧 4-02.mp3

A 我昨天在这里买了这双皮鞋，但回家试了一下感觉有点小，能不能帮我换一下大一码的？

B 请稍等。不好意思，您要的尺码已经断货了。

A 有点可惜。那么我可以退这双鞋吧？

B 可以的，我现在就帮您处理。

A 谢谢。

A 어제 여기서 이 구두를 샀는데요, 집에 가서 신어 보니까 좀 끼더라고요.
　한 치수 큰 걸로 바꿀 수 있을까요?
B 잠시만 기다려 주세요. 죄송하지만, 원하시는 사이즈가 이미 품절되었습니다.
A 아쉽네요. 그럼 이 신발 환불 가능하지요?
B 네, 지금 처리해드리겠습니다.
A 감사합니다.

02

인류의 위대한 발명품,

바퀴, 지금은 너무나 흔해서 그 가치와 중요성을 인식하지 못하는 경우가 많다. 하지만 바퀴의 발명은 인류 역사상 혁명과도 같은 사건이다. 우리 삶에서 없어서는 안 되는 자동차가 바로 '바퀴'의 발명에서 시작했기 때문이다. 우리는 차(車)라고 하면 보통 '자동차'를 생각하지만 중국어로 '车'는 육지에서 이동하는 대부분의 운송 수단을 가리킨다. 만약, 누군가 "我有车(나는 차가 있다)"라고 말한다면 문장만 봐서는 이 차가 자동차인지, 오토바이인지, 자전거인지 알 수 없다. 중국에서는 둥근 바퀴가 달린 모든 교통수단을 '车'라고 부르기 때문이다.

중국어로 차에 타고 내리는 것은 동사 '上'과 '下'를 쓴다. 즉, 차에 올라 타는 것은 '上车'이고, 차에서 내리는 것은 '下车'이다. 이때 上车는 교통수단에 따라 다시 두 종류로 나뉜다. 자전거나 오토바이처럼 말을 타는 자세로 앉는 것은 '骑车'이며, 자동차나 버스, 기차와 같이 좌석이 있는 교통수단에 타는 것은 '坐车'라 한다.

上车
shàngchē

차에 오르다, 타다

快上车吧，车马上就要开了。

빨리 타세요, 차가 금방 출발할 겁니다.

下车
xiàchē

차에서 내리다

我到那个学校门口下车就行了。

저기 학교 입구에서 내려주시면 됩니다.

骑车
qíchē

자전거나 오토바이를 타다

我们骑车还是坐车去？

우리 자전거를 타고 갈까요 아님 차를 탈까요?

坐车
zuòchē

자동차, 버스, 기차, 비행기 등을 타다

你现在坐车也赶不上他了。

당신은 지금 차를 타도 그를 따라 잡을 수 없다.

또 시동을 켜서 차를 움직이는 것은 '开车'라 하고, 가던 차를 멈추는 것은 '停车'라 한다. 특히 중국 관용어 중에 '밤차를 운행한다'는 뜻의 '开夜车'란 표현이 있다. 이 말은 시험 때가 되어서야 벼락치기로 공부 하는 것, 또는 보고서나 논문 등 어떤 작업을 위해 밤새서 몰두하는 상황을 나타낸다. '熬夜' 역시 밤을 지새우다는 또 다른 표현으로 이때 '熬'는 참거나 견디다는 뜻이다. 그러나 밤새 술을 먹거나 유흥을 즐기느라 잠 자지 않는 것은 开夜车라 말하지 않는다. 이때는 밤이 되어야 활동을 시작하는 '夜猫子'란 단어가 좀더 적합하다.

⊘ 熬夜 [áoyè] 밤새다　　　　⊘ 夜猫子 [yèmāozi] 올빼미, 밤 늦게까지 자지 않는 사람

开车 kāichē
시동 걸다, 차를 운전하다

他因为酒后开车受到警告。 그는 음주운전을 해서 경고를 받았다.

停车 tíngchē
차를 멈추다

我好不容易才找到了一个停车的地方。
나는 가까스로 차를 세울 곳을 찾았다.

开夜车 kāiyèchē
밤새워 공부하거나 일하다

明天有重要的考试，所以我不得不要开夜车。
내일 중요한 시험이 있어서 나는 어쩔 수 없이 밤을 새워야 한다.

　중국에서는 바퀴 달린 것은 모두 '车'라 하지만 차의 목적과 용도, 특징에 따라 부르는 이름이 다양하다. 먼저, 가장 저렴하면서도 편리한 대

중교통 '버스'는 중국어로 '公共汽车' 또는 '公交车'라 한다. 홍콩에서는 bus를 음차하여 '巴士'라고도 하며, 장거리 버스는 '长途汽车'라 한다. 중국에서 버스 요금은 도시마다 약간의 차이가 있지만 보통 런민비(人民币)로 1~2원이다. 중국 물가가 과거에 비해 대부분 올랐지만 버스 요금만큼은 10년 전이나 지금이나 큰 차이가 없다.

⊘ 巴士 [bāshì] 버스 (bus의 음차)

公交车
gōngjiāochē

시내버스 = 公共汽车

🏷 每天上下班时间公交车里挤满了人。
매일 출퇴근 시간만 되면 버스 안은 사람들로 가득 찬다.

长途汽车
chángtúqìchē

시외버스, 장거리 버스

🏷 上周我从杭州坐长途汽车去上海。
지난 주 나는 항저우에서 장거리 버스를 타고 상하이에 갔다.

汽车는 우리말로 읽으면 '기차'지만, 중국에서 '汽车'는 자동차를 가리킨다. 반면, 중국어로 기관차나 화물차는 '火车'라 해야 한다. 중국에서 기차역을 가야 하는데 '火车站'이 아닌 '汽车站'을 찾아가는 불상사는 없어야 할 것이다.

⊘ 火车站 [huǒchēzhàn] 기차역   ⊘ 汽车站 [qìchēzhàn] 버스 정류장

汽车
qìchē

자동차

🏷 这是我国第一辆国产的汽车。
이 차는 우리나라 최초의 국산 자동차이다.

火车
huǒchē
 기차

🏷 **爸爸去火车站接儿子回来了。**
아버지는 기차역에 가서 아들을 데리고 돌아왔다.

중국은 넓은 대륙만큼이나 도로가 쭉쭉 뻗어있고 이륜차 전용도로가 잘 갖추어져 있다. 출퇴근 시간이 되면 자동차뿐만 아니라 '自行车', '摩托车' 등 각종 교통수단이 긴 행렬을 이룬다. 특히, 최근에는 모바일 앱을 통해 자전거를 대여해 주는 곳이 눈에 띄게 늘고 있다. 자전거 대여는 택시를 타기에는 가깝고 걸어가기에는 다소 멀게 느껴지는 애매한 거리를 갈 때 이용하기 적합하다. 사용이 간단하고 비용이 저렴해서 매우 빠른 속도로 중국 전역으로 확산되고 있다.

自行车
zìxíngchē
 자전거

🏷 **从家里到学校骑自行车的话不到十分钟。**
집에서 학교까지 자전거를 타고 가면 10분도 안 걸린다.

摩托车
mótuōchē
 오토바이

🏷 **他差点儿撞上了摩托车。** 그는 하마터면 오토바이에 부딪칠 뻔했다.

택시는 중국어로 '出租车' 혹은 '出租汽车'라 한다. '出租'가 '빌리다, 임대하다'는 뜻으로 택시는 '잠시 빌려 타는 차'란 뜻이다. 홍콩이나 마카오에서는 taxi의 발음을 음차하여 '的士'라 부르기도 한다.

✅ 的士 [díshì] 택시

出租车 택시
chūzūchē

能帮我叫一下出租车吗？
택시 좀 불러 주시겠어요?

　중국에서는 비밀스럽거나 합법적이지 않은 것을 검은색에 비유하는 경우가 많다. 예컨대, 남의 컴퓨터에 불법으로 잠입해 정보를 빼내는 해커는 '黑客'라 하고, 호적에 등록하지 못한 아이는 '黑戶', 조직 폭력배나 범죄 집단은 '黑帮'라 한다. 여기서 '검은색'은 모두 '불법'이라는 부정적인 뜻을 담고 있다. 이와 마찬가지로 '黑车'는 중국에서 정식으로 등록되지 않은 불법 영업 차량을 가리킨다. 최근에는 黑车에 대한 단속이 점점 엄격해지고 있지만 택시가 드문 지역에서는 여전히 흔히 볼 수 있다. 길가에 서 있으면 어디선가 나타나 조용히 목적지를 물어오는데 십중팔구는 黑车이다. 하지만 黑车는 손님이 외국인인 것을 알면 바가지를 씌우는 경우가 많고 문제가 생겨도 보호받기 어려우므로 안전을 위해 가능하면 이용하지 않는 편이 좋다.

- 黑客 [hēikè] 해커
- 黑戶 [hēihù] 호적이 없는 사람
- 黑帮 [hēibāng] 조직 폭력배, 암흑가 조직

黑车 헤이처, 불법 운행차량
hēichē

安全第一，最好不要打黑车。
안전이 최고지요, 가능하면 '헤이처(黑车)'를 타지 않는 게 좋습니다.

　이 밖에, 건설 현장에서 무거운 짐을 실어 나르는 '화물차'는 '货车', 삽이나 지게로 땅이나 암석을 파내는 굴착기는 '叉车'이다. 또, 학교 셔틀

버스 혹은 회사 통근차량은 '班车'라 하며, 소방차는 '消防车', 구급차는
'救护车' 이다. 한자를 보면 단어의 뜻이 보이고, 차의 목적과 용도를 쉽
게 추측할 수 있다.

货车 huòchē
화물차

三辆货车停在马路上。
세 대의 화물차가 도로 위에 서 있다.

叉车 chāchē
지게차

这家公司优先考虑会开叉车的人。
이 회사는 지게차를 운전할 수 있는 사람을 우선적으로 고려한다.

班车 bānchē
셔틀버스, 통근버스

我每天坐班车上下班。 나는 매일 통근버스를 타고 출퇴근 한다.

救护车 jiùhùchē
구급차

快点帮我叫救护车! 빨리 구급차를 불러주세요!

消防车 xiāofángchē
소방차

一辆消防车从家门前过去了。
소방차 한 대가 집 앞으로 지나갔다.

4-04.mp3

A 请问一下，到鼓楼医院要怎么走？

B 在这里坐5号公交车可以直接到医院门口。
可是现在正好是下班时间，可能会有点堵车呢。

A 那可以乘地铁去吗？

B 地铁要换乘两次。

A 我还是坐公交车去吧，谢谢你。

A 실례합니다만. 구로우 병원에 갈려면 어떻게 가야 하죠?
B 여기서 5번 버스를 타면 바로 병원 입구까지 갈 수 있어요
   그런데 지금 퇴근 시간이라 차가 조금 밀릴 텐데요.
A 그럼 지하철로도 갈 수 있나요?
B 지하철은 두 번 갈아타야 해요
A 버스를 타는 게 좋을 것 같네요. 감사합니다.

버는 것보다 쓰는 것이 중요한,

돈 때문에 꿈을 포기하고, 돈 때문에 상처받고 좌절하는 사람들이 많다. 중국에는 "钱不是万能的, 但是没有钱是万万不能的(돈이 전부는 아니지만 돈이 없으면 아무것도 할 수 없다)"라는 말이 있을 정도다. 그러나 돈과 행복이 반드시 비례하는 것 같지는 않다. 돈이 없어도 작은 것에 감사하면서 일상의 행복을 누리는 사람이 있는가 하면, 돈이 아무리 많아도 현재의 삶에 만족하지 못하고, 더 많은 돈을 벌기 위해 집착하는 사람도 있기 때문이다. 그저 하나라도 더 갖기 위해 안간힘을 쓰는 삶은 결코 행복하지 않다. 돈의 가치는 얼마를 가졌는지 보다 어떻게 쓰는지에 달려 있는 것 같다.

많은 사람들은 돈을 벌기 위해 저마다 각자의 자리에서 가치 있는 일을 만들어 가고, 때로는 고단하고 힘든 삶도 마다하지 않는다. 돈을 버는 데는 정당한 노동과 수고가 따른다. 이처럼 어떤 일에 대한 대가나 이윤을 얻는 것은 '赚钱', 또는 '挣钱'이라 한다.

赚钱
zhèngqián

他为赚钱到海外去了。 그는 돈을 벌러 해외로 나갔다.

钱은 샘물을 나타내는 글자, '泉'에서 유래했다는 설도 있다. 물이 흐르지 않으면 그 물은 썩기 마련이고, 물 속의 생명도 모두 죽게 된다. 돈도 샘물처럼 그 흐름이 중요하다는 뜻이다. 이처럼 돈이 순환하기 위해서는 생산과 소비가 적절한 균형을 이루어야 한다. 그러나 있을 때 아껴야 할 것이 시간과 돈이다. 시간은 한번 지나가면 되돌릴 수 없고, 돈 역시 한 번 쓰기는 쉽지만 다시 모으는 일은 쉽지 않기 때문이다. 땀 흘려 번 돈을 아끼고, 저축하는 것은 '省钱', '攒钱'이라 한다.

省钱
shěngqián

他省钱给老婆买了份礼物。
그는 용돈을 아껴서 아내에게 줄 선물을 샀다.

攒钱
zǎnqián

为了学费，他连暑假都打工攒钱。
학비 때문에 그는 여름 방학에도 아르바이트를 해서 돈을 모은다.

중국어에는 '돈을 내다', '값을 지불하다'는 뜻을 나타내는 어휘가 많다. 보통 식당에서 음식값을 계산을 할 때는 '买单' 또는 '结账'란 말을 자주 쓰고, 백화점이나 마트에서 물건 값을 계산하는 것은 '付钱'이라 한다. 또 세금이나 공과금, 학비, 교통비 등을 납부하는 것은 '交钱'이라 한다. 우리말 뜻만 보면 모두 같은 말 같지만, 상황과 장소에 따라 선택하는 어휘가 다를 수 있다.

☑ 买单 [mǎidān] 계산하다, 지불하다　　☑ 结账 [jiézhàng] 계산하다, 결산하다

付钱
fùqián

상점, 식당에서 값을 지불하다

我要买这个东西，怎么付钱呢？

이 물건을 사고 싶은데 어떻게 계산해야 하나요?

交钱
jiāoqián

학비나 공과금 등의 비용을 지불하다

我们国家初中学校不用交钱的。

우리나라에서 중학교는 학비를 낼 필요가 없다.

'掏钱' 역시 값을 계산하다는 뜻이다. '掏'는 손이나 도구로 물건을 꺼내다는 뜻으로 주머니에서 돈을 꺼내는 동작을 표현한다. 또 '数钱'은 돈을 세는 것은 것이고, '找钱'은 거스름 돈을 돌려 주는 것이다.

하지만 최근 중국은 현금은 물론이고 신용카드나 체크카드의 사용이 점점 줄고 있다. 대신, 위챗 페이(微信)나 알리페이(付宝)와 같은 모바일 앱을 통해 물건값을 결제하는 경우가 많아지고 있다. 그래서 요즘에는 값을 지불할 때 예전처럼 현금을 세거나 거스름 돈을 주고 받는 일도 점점 보기 드문 일이되고 있다.

掏钱
tāoqián

돈을 꺼내다, 계산하다

今天我来请客，你就别掏钱了。
오늘은 내가 쏠게. 넌 돈 내지 마라.

数钱
shǔqián

돈을 세어보다 = 点钱

我数了数钱，有3000多元的人民币。
돈을 세어보니 3000위안 런민비가 넘었다.

找钱
zhǎoqián

잔돈을 거슬러 주다

没有零钱的话，就不要找钱了。
잔돈이 없으면, 거스름돈은 됐습니다

은행에 돈을 입금하는 것은 '存钱'이며, 필요할 때 돈을 인출하는 것은 '取钱', 한 계좌의 돈을 다른 곳으로 송금하거나 이체하는 것은 '汇钱' 또는 '转账'이라고 한다. '钱'은 비교적 구어적인 표현으로 서면에서는 주로 '存款', '取款', '汇款'이라 한다.

✓ 转账 [zhuǎnzhàng] 계좌 이체하다

存钱
cúnqián

입금하다 = 存款

他为了结婚，拿到工资就一定存钱。
그는 결혼을 위해 월급을 받으면 꼭 저축을 한다.

取钱
qǔqián

인출하다 = 取款

我得取钱，这附近有自动取款机吗？
돈을 찾아야 하는데 이 근처에 현금인출기가 있나요?

汇钱
huìqián

송금하다 = 汇款

知道了，现在马上给你汇钱。
알겠어요, 지금 바로 송금해 드릴게요.

이 밖에, 다른 사람에게 돈을 빌리거나 빌려주는 것은 '借钱'이고, 빌린 돈을 갚는 것은 '还钱'이다. 이때, '还'은 '반환하다, 돌려주다'는 뜻으로 hái가 아닌 'huán'이라 발음해야 한다. 또 물건을 환불하는 것은 '退钱'이고, 밑지는 장사로 손해를 보거나 남에게 끼친 피해를 금전적으로 보상하는 것은 '赔钱'이라 한다.

借钱
jièqián

돈을 빌리다

他向几个朋友借钱开始做生意。
그는 몇 명의 친구들에게 돈을 빌려 장사를 시작했다.

还钱
huánqián

빌린 돈을 갚다 = 还款

他承诺这个月底一定还钱。
그는 이번 달 말까지 반드시 돈을 갚겠다고 약속했다.

退钱
tuìqián **환불하다**

这个东西有毛病，可以退钱吧？
이 물건에 문제가 있는데 환불 가능하지요?

赔钱
péiqián **밑지는 장사를 하다, 손해를 배상하다**

她绝对不会做赔钱的买卖。
그녀는 절대 밑지는 장사는 하지 않는다.

마지막으로, '欠钱'은 남에게 빚을 지고 돈을 갚지 않은 상태를 나타낸다. 欠은 본래 '신세를 지다, 빚을 지다'는 뜻으로, 휴대폰 요금이나 공과금이 밀리는 것은 '欠费'라고 한다.

⊘ 欠费 [qiànfèi] 요금이 밀리다, 요금 부족이다

欠钱
qiànqián **빚을 지다,
돈을 갚지 않다**

朋友欠钱还没还，怎么办呢？
친구가 빚을 지고 아직 안 갚았는데, 어떡해야 하나요？

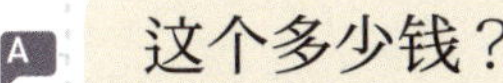

A 这个多少钱？

B 原来是100元，不过现在8,8折优惠，只有88元。

A 哇，这价格真划算。我怎么付钱呢？

B 微信，支付宝，刷卡，现金都可以。

A 那我用支付宝吧。

B 你直接扫这二维码就行。

A 이거 얼마예요?
B 원래 100원인데 지금 12% 행사 중이라 88원입니다.
A 와, 가격 진짜 착하네요. 어떻게 계산하죠?
B 위챗, 알리페이, 카드 결제, 현금 모두 가능합니다.
A 알리페이로 할게요.
B 여기 QR코드 직접 스캔 하시면 됩니다.

☑ 二维码 [èrwéimǎ] QR코드

🎧 4-07.mp3

두 얼굴의 음료,

술은 즐거운 자리를 더욱 빛나게 만드는 매력이 있다. 그러나 술에 관대한 중국사람도 술에 취해서 술주정부리는 것을 극도로 꺼린다. 사람이 술을 마시는 것이 아닌 술이 사람을 마시는 상태가 되면 주변 사람들에게 추태와 실수를 저지를 수 있기 때문이다. 술은 기분 좋을 때까지만 적당히 마시는 것이 상대와 오랫동안 좋은 관계를 유지하는 방법이다. 그런데 중국 술은 알코올 도수가 60~70도에 이르는 독한 술이 많다. 따라서 아무리 술에 단련된 사람도 중국사람들과 술을 마실 땐 스스로 감당할 수 있을 만큼 조절해 마시는 것이 중요하다.

　　중국 술은 제조 방법에 따라 크게 '白酒', '黄酒', '药酒'로 나눈다. 먼저 白酒는 중국의 대표적인 전통술이다. 우리나라 소주처럼 색깔이 투명해서 '하얀 술(白酒)'이란 이름이 붙었으며, 수수를 원료로 빚은 술은 '高粱酒'라고도 한다. 白酒는 보통 40~70%에 이르는 독한 술이 많고 구이저우성(贵州省)의 '茅台酒'가 가장 유명하다.

　　또 누룩을 발표시켜 빛깔이 어둡고 누르스름한 술은 黄酒라 한다. 黄酒는 어떤 곡물을 주원료로 쓰느냐, 어디에 담아 보관하느냐에 따라 맛과 향이 모두 다르다. 일반적으로 각 지역을 대표하는 명주(名酒)가 있지만, '绍兴酒'는 중국에서 가장 유명한 黄酒로 손꼽는다.

　　마지막으로 药酒는 白酒안에 각종 약재나 과일을 첨가한 술이다. 적당히 마시면 건강에 이롭다 하여 '약주'란 이름이 붙었다. 대나무 잎과 인삼, 구기자 등 다양한 천연 약재를 넣고 숙성시킨 '竹叶青酒'는 오랫동안 애주가들에게 널리 사랑 받는 药酒이다.

- 高粱酒 [gāoliángjiǔ] 까오량주
- 绍兴酒 [shàoxīngjiǔ] 샤오싱주
- 茅台酒 [máotáijiǔ] 마오타이주
- 竹叶青酒 [zhúyèqīngjiǔ] 주예칭주

白酒 　바이주
báijiǔ

他一个人整整喝了两瓶白酒。
그는 혼자서 바이주 두 병을 마셨다.

黄酒 　막걸리, 미주
huángjiǔ

绍兴酒是中国最有名的黄酒。
샤오싱주는 중국에서 가장 유명한 황주이다.

药酒
yàojiŭ

약주, 혼합주

🏷 这是药酒，你尝一下。 이건 약주에요, 한번 맛 좀 보세요.

　　동서양을 막론하고 오늘날 가장 대중적인 알코올 음료가 있다면 바로 '啤酒'가 아닐까 한다. 중국을 대표하는 맥주는 '青岛啤酒', '哈尔滨啤酒' 등이 있다. 그런데 '青岛啤酒'에는 중국의 가슴 아픈 역사가 담겨있다. 20세기 초, 독일이 칭다오를 점령했을 때, 독일사람이 칭다오에 맥주 공장을 지으면서 시작된 술이 바로 青岛啤酒이기 때문이다. 하지만 중국사람들은 독일의 맥주 제조 기술을 빠르게 받아들이고 발전시켰다. 그리하여 青岛啤酒는 오늘날 중국뿐 아니라 세계적으로 유명한 술이 되었다.

　　⊙ 青岛啤酒 [qīngdǎopíjiŭ] 칭다오 맥주　　⊙ 哈尔滨啤酒 [hā'ěrbīnpíjiŭ] 하얼빈 맥주

啤酒
píjiŭ

맥주

🏷 她一口气把那杯啤酒干掉了。
그녀는 단숨에 맥주 한 컵을 다 마셔버렸다.

　　서양을 대표하는 술, 와인은 중국어로 '葡萄酒'라 한다. 사마천의《사기》를 보면, 중국은 이미 당나라 때 민간에서 많은 사람들이 와인을 즐겨 마셨다고 한다. 중국은 와인의 발원지는 아니지만 그 역사가 결코 짧지 않은 것을 알 수 있다. 이밖에 위스키와 브랜디는 '威士忌', '白兰地'라 하고, 여기에 각종 과즙을 혼합한 칵테일은 '鸡尾酒'라 한다. 鸡尾酒는 '수탉의 꼬리'란 뜻의 'cocktail'이란 단어를 중국어로 의역한 말이다.

　　⊙ 威士忌 [wēishìjì] 위스키　　⊙ 白兰地 [báilándì] 브랜디

葡萄酒
pútáojiǔ

와인

你喜欢白葡萄酒还是红葡萄酒？
당신은 화이트와인을 좋아합니까, 아니면 레드와인을 좋아합니까?

鸡尾酒
jīwěijiǔ

칵테일

这个周六晚上，我们一起去喝鸡尾酒怎么样？
이번 주 토요일 저녁에 우리 같이 칵테일 마시러 가는 거 어때?

우리가 액체로 된 음료를 '마시다'라고 표현하는 것 같이 중국사람들도 물이나 술을 마실 때 吃가 아닌 喝동사를 쓴다. 따라서 중국어로 물을 마시는 것은 '喝水'이고, 술을 마시는 것은 '喝酒'라 한다. 또 술병을 기울여 술을 따르는 것은 '倒酒'라 하고, 상대방에게 정중히 술을 권하는 것은 '敬酒'라 한다. 하지만 과도한 음주는 몸과 마음을 피폐하게 만든다. 술이나 담배처럼 중독성이 강한 것을 끊는 것은 '戒'라 하여, 술을 끊는 것은 '戒酒', 담배를 끊는 것은 '戒烟'이라 한다.

喝酒
hējiǔ

술을 마시다

她喝一杯啤酒脸就红了。
그녀는 맥주 한잔만 마셔도 얼굴이 빨개진다.

倒酒
dàojiǔ

술을 따르다

我给爸爸倒了一杯酒。
나는 아버지께 술 한잔을 따라 드렸다.

敬酒
jìngjiǔ
술을 권하다

◇ 我们相互敬酒，不知不觉中就喝光了一瓶白酒。
우리는 서로 술을 권하다보니 어느덧 바이주 한 병을 다 마셨다.

戒酒
jièjiǔ
술을 끊다

◇ 医生劝他戒酒戒烟。
의사는 그에게 술과 담배를 끊을 것을 권했다.

중국사람들은 술자리에서 '随意'를 외치는 경우가 많다. 사람마다 '酒量'이 다르므로 각자 마실 수 있을 만큼만 적당히 마시자는 뜻이다. 중국은 웬만해서 술을 강제로 권하지 않고, 술을 못 마시는 것을 흠으로 생각하지도 않는다. 그러나 한편으론 주량이 대단한 사람을 '海量'이라 치켜세우기도 한다. 海量은 본래 바닷물을 뜻하는 말이지만, 바다처럼 넓은 도량을 가진 사람을 칭찬하는 말로 쓰기도 한다.

◎ 随意 [suíyì] 마음내키는 대로 하다　　◎ 海量 [hǎiliàng] 술고래, 도량이 넓은

酒量
jiǔliàng
주량

◇ 有的人酒量大，有的人酒量小。
어떤 이는 주량이 세지만 어떤 이는 주량이 약하다.

우리나라 식당가를 걷다 보면 주점(酒店) 또는 반점(饭店)이란 단어를 쉽게 볼 수 있다. 한자만 보면 酒店은 술집, 饭店은 밥집이 아닐까 생각하지만 중국어에서 '酒店'과 '饭店'은 모두 호텔을 가리킨다. 그것도

규모가 비교적 크고 고급스러운 호텔이다. 중국에는 '民以食为天'이란 말이 있다. 이는 '백성은 식량을 하늘로 여긴다'는 뜻으로 음식의 소중함을 강조한 말이다. 중국은 예부터 술과 밥이 있는 곳을 최고의 휴식처로 생각했기 때문에 '술집', '밥집'을 가리키던 말이 오늘날 호텔을 가리키게 된 것이다.

⊘ 民以食为天 [mínyǐshíwéitiān] 백성은 음식을 생존의 근본으로 여기다

酒店
jiǔdiàn

다양한 편의시설이 갖춰진 고급 호텔 = 饭店

🏷 我一到上海就定了五星级酒店。
나는 상하이에 도착하자마자 5성급 호텔을 잡았다.

마지막으로 술과 직접적 관련은 없지만 '酒窝'란 단어도 있다. '窝'는 본래 새나 곤충의 보금자리를 가리키는 말로 '鸟窝'는 새둥지, '燕窝'는 제비집을 뜻한다. 이처럼 酒窝는 작은 둥치처럼 입 주변에 오목하게 들어간 보조개를 뜻하는 말로, 웃을 때 보이기 때문에 '笑窝'라고도 한다.

⊘ 鸟窝 [niǎowō] 새둥지, 새집
⊘ 燕窝 [yànwō] 제비집

酒窝
jiǔwō

보조개 = 笑窝

🏷 她笑起来脸上有深深的酒窝，真可爱。
그녀는 웃을 때 얼굴에 깊은 보조개가 생기는데 정말 귀엽다.

A 肚子有点饿了，我们去吃点什么吧。

B 去喝杯啤酒怎么样？

A 好呀，我也很想喝冰镇的啤酒。

B 那啤酒配羊肉串怎么样？
我知道有一家很好吃的店。

A 今天我请客，我们赶紧走吧。

A 배가 좀 고픈데 우리 뭘 좀 먹으러 가자.
B 맥주 한 잔 하는 거 어때?
A 좋지, 나도 시원한 맥주 마시고 싶어.
B 그럼 맥주랑 양꼬치 어때? 나 잘하는데 알고 있어.
A 오늘은 내가 쏠게, 어서 가자!

익을수록 고개를 숙이는,

1987년, 덩샤오핑은 '원바오(溫飽)', '샤오캉(小康)', '다통(大同)'의 3단계 국가 발전 목표를 제시했다. '溫飽'는 따뜻하게 입고 배부르게 먹는다는 뜻으로 기본적인 의식주가 해결되는 단계이고, '小康'은 국민 모두가 먹고 살만한 수준, 삶의 질이 보장된 사회다. 마지막으로 '大同'은 모든 국민이 신분적으로 평등하고 공평한 분배가 이뤄지는 이상적인 사회이다. 2017년, 시진핑은 19차 전국대표대회에서 중국은 2020년까지 '샤오캉 사회'를 실현할 것이고, 2049년까지 세계 최고의 강국이 되겠다는 야심찬 포부를 밝혔다. 중국의 변화를 알리는 소식은 이미 우리의 일상이 되어버린 것 같다. 시진핑의 중국몽(中國夢)은 과연 실현될 수 있을까? 앞으로 중국사회는 어떠한 방향으로 흘러가게 될지 관심있게 지켜 볼 일이다.

옷깃은 항상 깨끗하고 단정해야 한다. 만약 옷깃이 더럽게 구겨졌다면 깔끔한 첫인상을 남기기 어렵기 때문이다. 옷깃은 중국어로 '衣领'이라 하고, 상의를 단정하게 잡아주는 넥타이는 '领带'라 한다. 여기서 '带'는 길고 납작한 띠나 끈을 가리키는 글자로, 신발을 묶는 끈은 '鞋带', 허리띠는 '腰带', 안전벨트는 '安全带'이다. 또 치마를 잡아주는 끈은 '裙带'라 하는데, 이는 아내의 가족, 처가 식구를 비유적으로 나타내기도 한다.

- ⊘ 鞋带 [xiédài] 신발끈
- ⊘ 腰带 [yāodài] 허리띠, 벨트
- ⊘ 安全带 [ānquándài] 안전벨트
- ⊘ 裙带 [qúndài] 치마끈, 처가 식구

衣领
yīlǐng
옷깃

◇ 刮了大风，他就竖起了衣领。
바람이 많이 불자 그는 옷깃을 세웠다.

领带
lǐngdài
넥타이

◇ 我只有在特殊的场合才系领带。
나는 특별한 장소에서만 넥타이를 맨다.

'领'은 본래 사람의 목덜미 부분을 나타내는 글자지만, 동시에 '지도자'란 뜻도 있다. 예컨대, 학교나 회사에서 팀을 이끄는 대표는 '领班'이라 하고, 나라와 민족 등 큰 조직을 이끄는 지도자는 '领导'라 한다. 또 옷 깃과 소매를 나타내는 '领袖' 역시 지도자, 우두머리를 나타낸다. 옛날 사람들은 다른 부분보다 때가 잘 타고 잘 해지는 옷깃과 소매에 짙은색 천을 둘렀다. 이렇게 领袖는 멀리서도 눈에 잘 띄는 곳이 되었고, 자연스럽게 여러 사람 중에 가장 두드러지는 사람, 지도자란 뜻을 갖게 된 것이다.

领班
lǐngbān

반장, 팀장

我们的领班负责10个工人。

우리 팀장은 10명의 직원을 책임진다.

领导
lǐngdǎo

지도자 책임자, 리더

他对公司新来的领导总是表现得毕恭毕敬。

그는 새로 온 회사 간부에게 항상 매우 깍듯하게 대한다.

领袖
lǐngxiù

국가, 정당의 지도자

我们需要德才兼备的领袖。

우리는 덕과 재능을 겸비한 지도자가 필요하다.

领은 지도자란 뜻 외에도, 동사로 '사람을 이끌다, 인솔하다'는 뜻도 있다. 먼저, '带领'은 나이가 많거나 지위가 높은 사람이 아랫사람을 이끌어주는 것이다. 예컨대, 선생님이 여러 학생을 인솔하는 것, 선배가 후배들을 이끄는 것, 한 조직의 팀장이 구성원의 리더가 되는 것은 모두 带领을 쓴다. 반면, '率领'은 한 명의 영웅적 인물이 수많은 대중을 이끄는 것이다. 즉, 率领은 带领보다 사회적 영향력이 큰 지도력을 나타낸다.

带领
dàilǐng

이끌다, 인솔하다

老师带领一群孩子去参观博物馆。

선생님은 한 무리의 학생을 인솔하여 박물관을 참관하러 갔다.

率领
shuàilǐng

무리나 단체를 이끌다, 거느리다

他率领着十万大军南下。
그는 10만 대군을 이끌고 남하했다.

한 국가에서 지도자의 의무와 책임은 막중하다. 최고 책임자가 누구냐에 따라 한 나라의 정책과 방향이 완전히 달라지기도 하고, 그에 따라 국가의 운명이 바뀔 수 있기 때문이다. 따라서 지도자를 뜻하는 '领'은 '통치하다, 관리하다'는 뜻도 함께 갖는다. 즉, 한 국가의 통치권이 미치는 곳은 '领土'이고, 어떤 지역을 차지하는 것은 '占领'이라 한다. 또 자국민의 이익을 보호하기 위해 외국에 설치한 공관은 '领事馆'이라 한다.

占领
zhànlǐng

점령하다, 점거하다

敌军占领了首都并掠夺了老百姓的财物。
적군은 수도를 점령하고 백성들의 재물을 약탈했다.

领土
lǐngtǔ

영토

国家的三大因素是国民、主权和领土。
국가의 3대 요소는 국민, 주권, 영토이다.

领事馆
lǐngshìguǎn

영사관

他在领事馆整整工作30年了。
그는 영사관에서 일한 지 꼭 30년이 되었다.

훌륭한 지도자는 구성원의 마음을 움직이는 사람이다. 한 사람을 따르고 존경하는 이유는 의외로 그 사람의 능력이 좋은 것, 학력이 좋은 것, 재력이 뛰어난 것에 있지 않다. 존경 받는 지도자는 스스로 다른 사람에게 모범을 보이고 가장 낮은 곳에서 사람들과 소통하는 사람이다. 따라서, 領은 어떤 진리나 철학, 의미를 깨닫다는 뜻으로도 쓴다. 벼는 익을수록 고개를 숙이는 법, 진정한 리더십은 겸손의 미덕에서 출발한다.

领会
lǐnghuì

진리를 깨닫다, 이해하다

他通过读书领会了人生的真理。
그는 독서를 통해 인생의 진리를 깨달았다

领悟
lǐngwù

의미를 깨닫다, 이해하다

听完老师的讲解，我领悟了这篇文章的意义。
선생님의 해설을 듣고 나는 이 글의 의미를 깨달았다.

20세기 들어 급속한 산업화가 진행되면서 옷깃의 색깔에 따라 사람의 직업군을 몇 가지로 분류하기 시작했다. 먼저, '白領'은 하얀색 와이셔츠를 입고 사무실에서 근무하는 노동자를 가리킨다. 이들은 소위 '샐러리맨'이라 불리는 사람들로 관리와 경영 등 지적 노동을 통해 임금을 받는 '화이트 칼라'이다. 반면, '蓝领'는 白領과 상대되는 개념으로 육체적 노동자, '블루 칼라'를 일컫는다. 당시 생산현장에서 일하던 사람들이 주로 청색 셔츠에 청색 바지를 입고 작업했기 때문에 蓝领이 육체 노동자의 상징이 되었다.

白领
báilǐng

◇ 大学毕业以后，他成了一名白领。
그는 대학을 졸업하고 화이트 칼라가 되었다

蓝领
lánlǐng

◇ 不管是白领还是蓝领，都要提高专业性的知识。
화이트 칼라든 블루 칼라든 모두 전문적인 지식을 키워야 한다.

그런데, 사람이 하던 노동을 기계가 대신하는 경우가 늘면서 육체적 노동과 지적 노동의 구분이 점점 모호해지기 시작했다. 그러면서 화이트 칼라와 블루 칼라의 성격이 동시에 발견되는 '그레이 칼라', '灰领'이 등장했다. 灰领은 블루 칼라보다 좋지만 화이트 칼라보다는 못한 그런 개념이 아니며, 전문적인 기술과 이론을 겸비하여 실무 능력이 뛰어난 인재를 가리킨다. 灰领에 속하는 직업은 컴퓨터 기술자, 전자 관련 기술자 등이 있다.

灰领
huīlǐng

◇ 我曾经做灰领的时候，每天早上8点上班。
나는 예전에 그레이 칼라였을 때 매일 8시에 출근했다.

한편, 생계를 해결하기 위해 사회로 뛰어드는 여성 노동자들이 늘면서 '粉领'이란 개념도 등장했다. 과거의 粉领은 단순 업무직, 저임금 직종이란 인식이 강했지만 최근에는 고학력의 전문직 여성이 많아지면서 粉领에 대한 뜻도 긍정적으로 변하고 있다. 예컨대, 초등학교 선생님이나 스튜어디스, 간호사는 여성 특유의 섬세함, 부드러움 등의 감각을 발휘할 수 있어 많은 여성들이 선호하는 직업이다.

粉领
fěnlǐng
핑크 칼라

最近高学历的粉领多了。
최근 고학력의 핑크 칼라가 많아졌다.

마지막으로 '金领'은 금처럼 반짝반짝 빛나는 아이디어를 가진 사람을 가리킨다. 앞으로 우리 사회는 획일적이고 기계적인 생각보다, 창의적인 콘텐츠에 의해 움직일 것이다. '골드'라는 말에서 느껴지듯이 金领은 어떤 직업군 보다도 높은 수입원을 창출할 수 있는 사람들이다. 대표적으로 컴퓨터 프로그래머, 영화제작자, 웹툰 작가 등이 있다. 그러나 넓은 의미로 金领은 특정한 직종에 제한을 두지 않으며, 창의적인 아이디어로 사회에 큰 파급력을 미치는 모든 사람을 가리킨다.

金领
jīnlǐng
골드 칼라

金领工人比白领工人收入高。
골드 칼라는 화이트 칼라보다 수입이 많다.

🎧 4-10.mp3

A 你觉得我们国家历史上最伟大的领导者是谁？

B 我觉得世宗大王是最了不起的。
如果没有世宗大王可能就没有我们的文字。

A 对，也许到目前为止我们还在用汉字。

B 有了韩文之后，普通老百姓也开始把自己的想法写出来了。我认为这是有很大意义的。

A 너는 우리 나라에서 역사적으로 가장 위대한 지도자가 누구라고 생각해?
B 난 세종대왕이 가장 훌륭하다고 생각해.
만약 세종대왕이 안 계셨다면 아마 우리 문자도 없었을 거야.
A 맞아, 어쩌면 지금까지 한자를 쓰고 있었겠지.
B 한글이 생기면서 일반 백성도 자신의 생각을 글로 쓸 수 있게 되었잖아.
이건 정말 큰 의미가 있다고 생각해.

06

인간과 기계의 만남,

2016년, 전세계의 이목을 집중시킨 사건이 있었다. 인공지능(AI) '알파고'가 프로 바둑기사인 이세돌 9단을 이긴 것이다. 사람들은 의견이 분분했다. 이세돌이 인간으로서 일궈낸 1승에 주목하자는 사람이 있는가 하면, 어떤 이들은 인지와 학습, 추론과 같은 고차원적인 사고 능력이 이제는 더 이상 인간의 고유 영역이 아니라는 것에 두려움을 표하기도 했다. 실제 많은 전문가는 가까운 미래에 우리 사회에서 단순하고 반복적인 일자리가 대폭 줄어들 것이고, 그 자리는 로봇이나 자동화 된 기계가 대신할 것이라 한다. 이것이 앞으로 위기가 될지 아니면 새로운 기회가 될지는 아무도 확신 할 수 없지만, 인공지능으로 인한 급격한 사회 변화가 피할 수 없는 우리의 미래인 것은 분명해 보인다.

'机'와 '器'는 우리말로 모두 '기'라 읽기에 같은 뜻으로 혼동하기 쉽지만 중국에서 두 단어는 쓰임이 다르다. 机는 틀 기(機)의 간체자로 기계란 뜻이고, 器는 물건을 담는 '용기'를 뜻한다. 즉, 인류의 삶에 지대한 영향을 끼친 기계는 '机器'라 하고, 인간과 비슷한 형태로 걷기도 하고 말도 하는 로봇은 '机器人'이라고도 한다.

⊘ 机器人 [jīqìrén] 로봇

机器 　　**기계, 기기**
jīqì

♢ 这台机器性能特别好。
이 기계는 성능이 매우 좋다.

　기계의 탄생과 발전은 우리 생활에 분명 커다란 변화와 편리함을 가져다 주었다. '洗衣机'의 발명은 여성을 가사 노동으로부터 해방시켜 주었고, '手机'는 사람들과의 소통을 더욱 빠르고 편리하게 해 주었다. 여기에, 컴퓨터를 대신할 만큼 똑똑한 '智能手机'가 생기면서 과거에는 상상하지도 못했던 일이 손바닥 안에서 간단히 해결되는 세상이 되었다. 이밖에도, 우리 삶을 윤택하고 편리하게 해준 기계는 '照相机', '打印机', '吹风机' 등이 있다. 이와 같은 다양한 기계의 등장은 인류의 가치관, 생각의 방향에 큰 영향을 끼쳤다.

⊘ 智能手机 [zhìnéngshǒujī] 스마트폰　　　⊘ 吹风机 [chuīfēngjī] 헤어드라이어

洗衣机 　**세탁기**
xǐyījī

♢ 洗衣机坏了，现在用不了。
세탁기가 고장 나서 지금 쓸 수 없습니다.

手机
shǒujī

휴대 전화

可以用手机支付吗？
모바일 결제 되나요?

照相机
zhàoxiàngjī

사진기

我新买的这照相机很好用。
내가 새로 산 이 사진기는 아주 쓸모가 있다.

打印机
dǎyìnjī

프린터

请问，这个打印机怎么用？
이 프린터기는 어떻게 사용하지요?

그렇다면, '计算机'와 '计算器'는 같은 말일까? 두 단어는 우리말로 모두 '계산기'라 읽지만, 가리키는 대상이 다르다. 计算器는 단순히 계산만 할 수 있는 '계산기'를 말하지만, 计算机는 훨씬 광범위한 데이터를 처리하는 컴퓨터를 가리킨다. 机가 아닌 器로 써야 하는 단어는 '吸尘器', '乐器', '武器', '电器' 등이 있다.

- 计算器 [jìsuànqì] 계산기
- 乐器 [yuèqì] 악기
- 吸尘器 [xīchénqì] 청소기
- 电器 [diànqì] 전기기구, 가전제품

计算机
jìsuànjī

컴퓨터

我想通过计算机进行流程的自动化。
나는 컴퓨터를 통해 프로세스의 자동화를 진행하고 싶다.

인간의 생활은 예전보다 훨씬 편리하고 윤택해졌다. 과학이 발전함에 따라 상상 속에서만 존재하던 수많은 일들이 우리 삶 속에서 실제로 일어나고 있다. 그러나 과학 문명이 인간에게 가져다 준 부작용도 만만치 않다. 예전에는 흔하지 않던 심리적 스트레스와 질병을 호소하는 사람이 늘고 있으며, 인터넷과 정보 통신의 발전은 오히려 인간관계의 단절을 초래하기도 했다. 또 세상은 '더 빨리, 더 쉽게'를 외치고 있지만, 한편으론 과학 기술 발전에 따르지 못하고 뒤쳐지는 '机盲'과 '科盲'이 등장하기도 했다. 예전에는 글을 모르는 사람을 '文盲'이라 했지만, 현대사회는 컴퓨터 사용이 필수 불가결한 요소가 되면서 컴퓨터를 잘 다루지 못하는 사람을 机盲이라 부르게 되었다.

◎ 科盲 [kēmáng] 과학적 상식이 부족한 사람 　　◎ 文盲 [wénmáng] 문맹

机盲   컴맹
jīmáng

◇ 为了摆脱机盲，他每天都练习用计算机上网。
컴맹에서 벗어나기 위해 그는 매일 컴퓨터로 인터넷을 연습한다.

그러나 기계의 효율성과 정확성은 인간이 결코 따라 잡을 수 없는 기계의 장점인 것은 분명하다. 따라서, '机'와 관련한 말에는 사람의 행동이 민첩하거나 두뇌가 똑똑한 것을 뜻하는 단어가 많다. 예컨대, 눈치가 빠르고 똑똑한 것은 '机灵'이라 하고, 재치있게 대응하는 임기응변의 지혜는 '机智'라 한다. 또, 판단력이 분명해서 우물쭈물하지 않고 재빠르게 움직이는 것은 '机敏'이라 한다.

机灵
jīling **영리하다, 총명하다**

才七岁的孩子，真机灵。
7살밖에 안 된 아이가 정말 영리하다.

机智
jīzhì **기지가 넘치다**

他们机智地克服各种困难了。
그들은 기지를 발휘하여 각종 고난을 극복했다.

机敏
jīmǐn **눈치가 빠르고 동작이 날쌔다**

他办事很机敏，反映很快。
그는 일처리가 빠르고 반응이 날쌔다.

어떤 일을 하는데 적절한 시기는 '机会' 또는 '机遇'라 한다. 우리말로는 모두 '기회'란 뜻이지만 약간의 차이가 있다. 즉, 机会는 자신의 노력으로 몇 번이든 만들어 낼 수 있는 기회이지만, 机遇는 개인의 노력과 상관없이 인생에서 한번 만날까 말까 하는 전환점과 같은 사건, 한번 오면 절대 놓치지 말아야 할 중요한 순간을 가리킨다.

机会
jīhuì **기회**

不要太伤心了，机会还会有的。
너무 상심하지 마, 기회는 다시 올 거야.

机遇
jīyù

기회

◇ 这种机遇不会再有的。
이런 좋은 기회는 앞으로 다시는 없을 것이다.

또, '时机' 역시 기회를 뜻하는 말이지만, 앞의 단어보다 시간의 개념을 좀더 강조한다. 즉, '인생은 타이밍이다'란 말처럼, 어떤 일을 진행하는데 있어 어느 때보다도 가장 적절한 시간, 중요한 때를 가리키는 말이다. 또 사람들은 흔히 '위기'라 하면 불안정한 상태, 위험한 순간만 생각하는 경우가 많지만, 사실 위기는 또 다른 기회이기도 하다. 이처럼 위기는 '危险(위험)'과 '机会(기회)'가 모두 존재하는 상태로 '危机'라 부르게 되었다.

时机
shíjī

유리한 시기, 기회

◇ 我们等待时机，总会有希望的。
좋은 때를 기다리면 반드시 희망이 있을 것이다.

危机
wēijī

위기

◇ 我们在经济上面临着危机。
우리는 경제적으로 위기에 직면해 있다.

🎧 4-12.mp3

A 丽丽，我能拜托你一件事吗？

B 嗯，什么事？

A 我要在文件里写上汉语拼音该怎么办呢？
其实，我是个机盲。

B 这个很简单，我给你示范一下。

A 你真是无所不能，谢谢你。

A 리리야, 나 부탁 하나만 해도 될까?
B 응, 뭔데?
A 문서에 중국어 병음을 써야 하는데 어떻게 해야 돼?
사실 내가 컴맹이라서.
B 그거 간단해. 내가 시범으로 보여줄게.
A 넌 진짜 못 하는 게 없구나, 고마워.

07

진심이 통하는 벗,

花間一壺酒, 獨酌無相親　꽃 사이에 술 한 병 놓고, 벗도 없이 홀로 마신다.
舉杯邀明月, 對影成三人　잔을 들어 밝은 달 맞이하니, 그림자 비쳐 셋이 되었네.

– 이백, 〈월하독작(月下獨酌)〉

시인이 꽃 사이에 한 병의 술을 놓고 달과 달에 비친 자신의 그림자와 함께 술을 마신다는 이야기다. 그 풍경은 낭만적 정취가 가득하지만 한편으론 잔을 건넬 친구가 없는 시인의 외로움이 느껴지기도 한다. 요즘 우리 사회도 '혼밥족', '혼술족'이란 말이 유행하고 있다. 점점 더 많은 사람들이 자신만의 생활을 중요하게 생각한다는 뜻이다. 그러나 혼자 있는 시간이 편하다고 곁에 사람이 필요하지 않은 것은 아니다. 인간은 타인과 관계를 맺으며 살아가는 사회적인 존재이기 때문이다. 기쁜 일이든, 슬픈 일이든 언제든 마음을 나눌 벗이 있다는 것은 분명 큰 기쁨이고 축복이다.

친구는 중국어로 '朋友'라 한다. '朋'은 같은 스승 아래서 공부한 사람이고 '友'는 뜻을 같이 하는 사람으로, 둘 다 벗을 가리키는 글자다. 그런데 友는 본래 두 사람이 서로 손을 맞잡은 것을 나타낸 글자다. 무기로 사냥을 하고 자신을 보호하던 고대에, 무기를 내려놓고 손을 잡는다는 건 곧 상대를 신뢰한다는 표시였다. 이렇게 友는 서로를 신뢰한다는 뜻에서 친구가 되었고, 우정을 나타내는 말 '友谊', '友情' 등의 의미로 확장되었다.

○ 朋友 [péngyou] 친구, 벗

友谊
yǒuyì
우정, 우의

○ 我们之间的友谊比什么都重要。
우리 사이에 우정은 무엇보다 중요하다.

友情
yǒuqíng
우정

○ 男的和女的不容易建立纯洁的友情。
남자와 여자가 순수한 우정을 만드는 일은 쉽지 않다.

요즘에는 성별과 나이, 지역의 제한 없이 다양한 사람을 친구로 사귈 수 있는 세상이다. 하지만 그렇다고 누구나 友가 될 수 있는 것은 아니다. 친구가 되기 위해서는 기본적으로 친밀감이 있어야 한다. 아무리 오래 본 사이라도 만나면 어색하고 공감할 이야기가 없다면 친구라 부르기 어렵다. 따라서 중국사람들은 친구를 사귄다고 말할 때 '교차하다', '접촉하다'는 뜻의 '交'동사를 쓴다. 친구가 된다는 것은 서로의 공통 분모를 찾아 함께 마음을 나누는 일이기 때문이다.

交朋友
jiāopéngyou 친구를 사귀다

🏷 我和他交朋友已有很多年了。
나는 그와 친구가 된지 벌써 여러 해 되었다.

흔히 말하길 힘들 때 찾아와 위로해 주는 친구가 진짜 친구라지만, 진정한 벗은 친구의 성공도 자신의 일처럼 함께 진심으로 축복하고 기뻐하는 사람이다. 중국어로 좋은 친구는 '好友'라 한다. 그저 존재만으로 편안하고 위로가 되는 가까운 벗을 뜻한다. 중국에서는 이렇게 특별한 우정을 나누는 친구를 '闺蜜' 또는 '哥们儿'라 한다. '闺蜜'는 여자끼리 가까운 친구고, '哥们儿'은 남자끼리 가까운 친구다. 이는 비밀을 나누어도 말이 새어 나갈까 걱정하지 않고 부족한 점도 서로 감싸 줄 수 있는 가장 가깝고 친밀한 친구를 가리키는 말이다.

- 闺蜜 [guīmì] 여자끼리 아주 가까운 친구
- 哥们儿 [gēmenr] 남자끼리 아주 가까운 친구

好友
hǎoyǒu 친한 친구, 단짝 친구

🏷 她跟我从小学开始就是好友。
그녀는 나와 초등학교부터 단짝 친구였다.

시간이 지나면서 友의 범위는 점차 확장되어 지금은 공통의 취미나 관심사가 있는 사람도 友라 부르게 되었다. 예컨대, 술을 마시면서 가까워진 친구는 '酒友', 인터넷 속에서 만난 친구는 '网友'라 한다. 또 배낭여행을 하면서 친하게 된 친구는 '驴友'라고도 한다. '驴'는 당나귀를 가리키는 글자인데, 배낭을 매고 여행하는 모습이 마치 당나귀가 등에 짐을

신고 걷는 모습과 비슷하다고 해서 붙여진 이름이다.

⊘ 驴 [lú] (당)나귀

酒友
jiǔyǒu
술친구, 술벗

🏷 昨晚我跟几个酒友喝啤酒。
어제 저녁 나는 몇 명의 술친구들과 함께 맥주를 마셨다.

网友
wǎngyǒu
인터넷상의 친구

🏷 我正在和一个网友玩游戏。
나는 지금 인터넷 친구와 함께 게임을 하고 있다.

驴友
lǘyǒu
배낭여행 친구

🏷 这次暑假我跟我的驴友准备去拉萨。
이번 여름 방학에 나는 친구와 함께 라사를 갈 계획이다.

이 밖에도, 바둑이나 장기를 두면서 돈독해진 사람은 '棋友', 주식 정보를 주고받으며 친구가 된 사람은 '股友', 카드놀이를 통해 가까워진 친구는 '牌友'라 한다. 중국사람은 길가에서도, 공원에서도 삼삼오오 모여 카드를 펼치고 게임을 즐긴다. 카드놀이는 중국 남녀노소가 즐기는 대중적인 놀이문화로 친구를 사귀는데 좋은 매개가 된다.

牌友
páiyǒu
카드놀이를 하면서 친해진 친구

🏷 他们是通过打扑克认识的牌友。
그들은 카드놀이를 하면서 알게 된 카드친구이다.

棋友
qíyǒu

장기나 바둑을 같이 두는 친구

他是从小时候就跟我一起下棋的棋友。

그는 어린 시절부터 나와 함께 바둑을 두던 바둑 친구이다.

股友
gǔyǒu

주식 정보를 공유하는 친구

我每天在网上跟股友们交流股票信息。

나는 매일 인터넷에서 주식친구들과 주식 정보를 교환한다.

오랠수록 좋은 것이 친구라 했다. 우리말에서 벗을 가리키는 한자어 '친구(親舊)'도 원래는 가깝게 오래 지낸 사이란 뜻이다. 중국어로 옛 친구, 오랜 친구는 '老友'라 한다. 또 어린 시절 같은 학교, 같은 반에서 공부한 친구는 '校友'라 하고, 기숙사에서 같은 방을 쓰는 친구는 '室友'라 한다. 중국은 중ㆍ고등학생 때부터 집을 떠나 학교 기숙사에서 생활하는 경우가 아주 흔하기 때문에, 순수하고 꿈 많던 시절을 함께한 校友, 室友가 평생의 老友가 되는 경우가 많다.

老友
lǎoyǒu

옛친구, 오랜 친구

和老友聊天总是很愉快。

옛 친구와 이야기를 나누는 것은 언제나 즐겁다.

校友
xiàoyǒu

같은 학교를 졸업한 친구, 동창, 교우

我们每年9月份举行大学校友聚餐。

우리는 매년 9월 대학 동창회를 연다.

室友
shìyǒu **같은 방을 쓰는 친구, 룸메이트**

室友之间有了矛盾，你怎么解决呢？
룸메이트랑 갈등이 생기면 당신은 어떻게 해결하나요?

개인적인 친구 사이를 넘어, 넓은 범위의 친구가 된 경우도 있다. 예컨대, '盟友'는 본래 맹세로 맺어진 친구를 뜻하지만, 지금은 그 의미가 확장되어 기업과 기업, 국가와 국가간에 긴밀하게 맺어진 관계를 말하기도 한다. 또 '战友'도 원래는 전쟁을 함께한 친구를 가리켰지만, 지금은 공동의 목적을 이루기 위해 생사고락을 함께한 동료를 뜻하기도 한다.

盟友
méngyǒu **굳게 맹세한 친구**

两国结交成了盟友。
양국은 동맹국가를 맺었다.

战友
zhànyǒu **전우, 동료**

他在战争中失去了最亲密的战友。
그는 전쟁에서 가장 아끼는 전우를 잃었다.

A 你最近有什么事情吧？怎么突然找我喝酒了。

B 没什么，就是想见你了而已。

A 我们认识都几年了，到底什么事情啊？

B 其实，我前几天辞职了，所以最近我心里很乱。

A 原来是这样。今天先忘记不开心的事，然后再想想别的办法吧。

A 너 요즘 무슨 일 있지? 갑자기 술을 다 먹자고 하고.

B 별거 아냐. 그냥 네 얼굴이나 볼까 해서.

A 우리가 안지 벌써 몇 년인데. 대체 무슨 일이야?

B 사실, 나 며칠 전에 회사 그만뒀어. 그래서 요즘 마음이 너무 복잡해.

A 그랬구나. 오늘은 일단 안 좋은 일은 잊어버리고, 다른 방법을 다시 생각해 보자.

중국식 줄임말, 모르면 听不懂!

최근에는 빠르고 간편한 의사소통이 중요해지면서 원래의 단어를 간단하게 줄이는 줄임말의 사용이 늘어나고 있다. 줄임말은 두 개 이상의 단어가 하나로 결합된 형태다. 다음은 원래의 표현보다 줄임말의 사용 빈도가 더 높은 대표적인 중국어 단어들이다.

中国 Zhōngguó
중국
⋯ 中华人民共和国 [Zhōnghuárénmíngònghéguó]
중화인민공화국

美国 Měiguó
미국
⋯ 美利坚合众国 [Měilìjiānhézhòngguó]
아메리카합중국

人大 Réndà
전국 인민 대표 대회의 준말
⋯ 全国人民代表大会 [Quánguórénmíndàibiǎodàhuì]
전국 인민 대표 대회

超市 chāoshì
슈퍼마켓
⋯ 超级 [chāojí] 슈퍼 + 市场 [shìchǎng] 시장

文艺 wényì
문예, 문학과 예술
⋯ 文学 [wénxué] 문학 + 艺术 [yìshù] 예술

科技 kējì
과학기술
⋯ 科学 [kēxué] 과학 + 技术 [jìshù] 기술

空姐
kōngjiě

여승무원, 스튜어디스
··· 空中[kōngzhōng] 공중, 하늘 + 小姐 [xiǎojiě] 아가씨

彩电
cǎidiàn

컬러텔레비전
··· 彩色[cǎisè] 채색, 여러 가지 빛깔 + 电视机[diànshìjī] 텔레비전

邮编
yóubiān

우편번호
··· 邮政[yóuzhèng] 우편 + 编码[biānmǎ] 번호, 코드

家电
jiādiàn

가전제품
··· 家用[jiāyòng] 가정용 + 电器[diànqì] 전기기구

环保
huánbǎo

환경보호
··· 环境[huánjìng] 환경 + 保护[bǎohù] 보호

空调
kōngtiáo

에어컨
··· 空气[kōngqì] 공기 + 调节器[tiáojiéqì] 조절기

地铁
[dìtiě]

지하철
··· 地下[dìxià] 지하 + 铁道[tiědào] 철도

扫盲
[sǎománg]

문맹을 퇴치하다
··· 扫除[sǎochú] 청소하다 + 文盲[wénmáng] 문맹

赏析
[shǎngxī]

감상 분석
⋯ 欣赏[xīnshǎng] 감상하다 + 分析[fēnxī] 분석하다

质检
[zhìjiǎn]

품질 검사
⋯ 质量[zhìliàng] 품질, 질량 + 检测[jiǎncè] 검사하다, 측정하다

三包
sānbāo

(상품에 대한) 반품 · 수리 · 교환 · 보증
⋯ 包退[bāotuì] 반품보증 + 包修[bāoxiū] 수리보증 +
包换[bāohuàn] 교환보증

三军
sānjūn

삼군
⋯ 陆军[lùjūn] 육군 + 海军[hǎijūn] 해군 + 空军[kōngjūn] 공군

五金
wǔjīn

다섯 가지의 금속, 철물
⋯ 金[jīn] 금+ 银[yín] 은 + 铜[tóng] 동 + 铁[tiě] 철 + 锡[xī] 주석

五官
wǔguān

오관, 인체의 다섯 가지 감각기관
⋯ 眼[yǎn] 눈 + 耳[ěr] 귀 + 鼻[bí] 코 + 眉[méi] 눈썹 + 口[kǒu] 입

五味
wǔwèi

다섯 가지 맛
⋯ 酸[suān] 신맛 + 甜[tián] 단맛 + 苦[kǔ] 쓴맛 + 辣[là] 매운맛 +
咸[xián] 짠맛

5

핵심동사로 배우다

🎧 5-01.mp3

무엇을 먹을까, 그것이 문제

'吃'는 '口'와 '乞'가 만난 글자다. 口는 입을 가리키고, 乞는 사람이 구걸하는 모습을 나타낸다. 즉, 사람이 살기 위해선 구걸을 해서라도 밥을 먹어야 한다는 뜻이다. 가난하던 시절, 일반 백성에게 먹는 일은 곧 생존의 문제였다. 이런 배경으로 중국사람들도 이웃을 만나면 "你吃了吗?(식사하셨어요?)"라고 인사하는 것이 어색하지 않고, 일상 어휘 중에 吃와 관련한 관용적 어휘가 많다. 그러나 그중 대부분은 '무엇을 먹느냐'에 따라 특별한 의미를 갖는 비유적 표현이다. 단어의 속뜻을 알기 위해서는 중국 문화와 사회를 함께 이해해야 한다.

우스갯소리로 중국사람들은 날아다니는 것은 비행기 빼고 다 먹고, 땅에 있는 것은 책상 빼고 다 먹는다는 말이 있다. 그만큼 중국사람들은 웬만해서 식재료를 가리지 않고 다양한 요리를 즐겨먹는다는 뜻이다. 그래서인지 중국에는 우리를 황당하게 하는 표현이 적지 않다. 대표적으로 '吃食堂'이란 말이 있다. 직역하면 '식당을 먹다'는 뜻이지만 실제로는 식당에서 밥을 먹는 것을 가볍게 표현한 말이다. 물론 '식당에서 밥을 먹다'는 말은 '在食堂吃饭'라 해야 문법적으로 맞다. 그러나 吃食堂은 그에 비해 훨씬 가볍고 구어적인 표현으로 일상에서 중국인들이 자주 쓰는 말이다.

吃食堂
chīshítáng

(학교나 회사 등) 구내 식당에서 식사하다

今晚咱们去吃食堂吧!
오늘 저녁은 우리 식당에서 밥 먹자!

'먹보'를 가리키는 '吃货'도 마찬가지다. '货'는 본래 '물건, 재물'이란 뜻으로 吃货는 어떤 음식이든 가리지 않고 닥치는 대로 먹어 치우는 사람을 가리킨다. 원래는 우리말의 '밥벌레'처럼 부정적 어감이 강한 단어였지만, 최근에는 '吃播'의 영향으로 음식을 맛있고 복스럽게 잘 먹는 사람을 귀엽게 부를 때 쓰기도 한다.

吃播 [chībō] 먹방 신조어

吃货
chīhuò

먹보, 음식을 맛있게 잘 먹는 사람

他特别能吃，真是个吃货。
그는 정말 잘 먹어, 진짜 먹보야.

중국에서는 어떤 밥을 먹느냐에 따라 그것이 나타내는 의미가 다양하다. 예컨대, '吃闲饭'과 '吃白饭'은 사람이 밥만 먹고 일하지 않는 것을 나타내고, '吃软饭'은 남자가 여자의 경제력에 의존하는 것을 나타낸다. 이때, '부드럽다'는 뜻의 '软'은 여성을 상징한다. 고대 중국에서 여자는 남자에게 순종적이고 부드러워야 한다는 관념이 강했기 때문이다. 따라서, 吃软饭은 당시 일반적인 상식과 달리 여자가 밖에서 경제활동을 하고 남자가 여자에게 의존한다고 하여 무능력한 남성을 비꼬는 말이다.

吃闲饭
chīxiánfàn

일하지 않고 빈둥거리다

你有两只手，为什么经常吃闲饭呢？
너는 두 손 다 있으면서 왜 맨날 먹고 놀기만 하니?

吃白饭
chībáifàn

밥만 먹고 일하지 않다

人不能光吃白饭不干事呀。
사람은 밥만 먹고 일하지 않으면 안 된다.

吃软饭
chīruǎnfàn

남자가 여자의 경제력에 의존하여 살다

他这个人不追求上进，总是吃软饭。
그 남자는 발전할 생각은 안하고 여자에게 의존하려고만 한다.

또 '큰 솥의 밥을 함께 나누어 먹는다'는 '吃大锅饭'은 개인의 능력과 공헌에 관계없이 모두가 똑같은 대우와 보수를 받는 것을 뜻한다. 중국은 1958년, 마오저뚱의 대약진 운동에 따라, 인민공사(人民公社)를 설립하고 대규모의 사람이 모여 함께 식사하던 문화가 있었다. 하지만 열정만 내세운 정책은 중국의 발전을 크게 퇴보시켰다. '吃大锅饭'은 여기서 유래한 말로 왜곡된 평등주의를 비판할 때 종종 인용되곤 한다.

吃大锅饭
chīdàguōfàn

능력과 상관없이 같은 대우나 보수를 받다

🏷 我们应该要打破吃大锅饭的系统。
우리는 마땅히 부당한 평등 분배 시스템을 타파해야 한다.

吃醋와 嫉妒는 우리말로 모두 '질투하다'는 뜻이지만 중국에서는 두 단어를 구분하여 사용한다. 먼저 '식초를 마시다'는 '吃醋'는 남녀 사이의 질투를 나타낸다. 吃醋의 유래는 다음과 같다.

옛날, 당태종에게는 방현령이라는 아끼는 신하가 있었다. 어느 날 태종이 방현령에게 아리따운 첩을 내리려 하자 방현령 부인이 이를 결사적으로 반대했다. 태종은 자신의 뜻을 거스르는 방부인에게 급기야 사약을 내리면서 사약을 먹고 죽던지, 첩을 받아들이던지 양자택일하라 했다. 그러자, 방부인은 조금의 망설임도 없이 사약을 마셨다. 그런데 사실 황제가 내린 것은 독이 아니라 식초였다. 이후 태종은 첩을 들이는 것이 죽기보다 싫은 방부인의 뜻을 인정하고 명령을 거두었다. 이때부터 식초를 먹다는 吃醋가 '질투하다'는 뜻이 된 것이다.

하지만 남이 나보다 돈이 많아서, 공부를 잘 해서, 지위가 높아서 질투하는 마음은 '嫉妒'라 한다. 우리말 속담 중 '사촌이 땅을 사면 배가 아프다'는 말이 딱 그와 같다.

✓ 嫉妒 [jídù] 질투하다

吃醋
chīcù

(남녀관계에서) 질투하다

你现在是在吃醋吗？

너 지금 질투하는 거야?

이 밖에 중국에서 자주 쓰는 관용 표현은 다음과 같다. 먼저, '吃后悔药'는 어떤 일이 발생한 후 뒤늦게 후회하고 깨닫다는 뜻이다. 한때 중국의 온라인 쇼핑몰에서 '后悔药'을 팔아 큰 화제가 되었던 적이 있다. 그런데 사람들은 긴가민가한 마음으로 약을 샀다가 위로를 얻기는커녕 오히려 더 큰 후회를 했다고 한다. 어떤 일을 다시 되돌릴 수 있는 약이 있다면 좋겠지만 세상에 그런 약이 있을 리 만무하다.

吃后悔药
chīhòuhuǐyào

후회하다, 뒤늦게 깨닫다

现在吃后悔药也来不及了。

지금 후회해도 이미 늦었어요.

중국에서 '吃豆腐'란 말은 때와 장소를 가려 신중하게 사용해야 한다. 吃豆腐는 '두부를 먹다'는 뜻 외에도, 비유적으로 '부당하게 잇속을 챙기다', 또는 '여성을 희롱하다'는 부정적인 뜻을 담고 있기 때문이다.

吃豆腐
chīdòufu

두부를 먹다,
부당하게 잇속을 챙기다, 여성을 희롱하다

如果你再吃我豆腐，我就去报警。

또 나한테 추근대면 경찰에 신고할거에요.

'定心丸'은 마음을 진정시켜주는 약이다. 흔히 진정제나 안정제는 현대인들이 먹는 약이라 생각하지만 사실 중국에서 '定心丸'의 역사가 길다. 고대 문헌에 따르면, 옛날에는 전쟁 중 부상자가 발생하면 마음의 안정을 위해 定心丸을 먹었다고 한다. 상처를 치료하는 데 심리적 안정을 취하는 것을 무엇보다 중요하게 생각한 것이다. 이렇게 '吃定心丸'은 심리 안정제를 먹다는 뜻으로 오늘날 '마음을 놓다', '안심하다'의 관용 표현이 되었다.

吃定心丸
chīdìngxīnwán
마음을 놓다, 안심하다

把合同签了，就算吃了定心丸。
계약에 서명을 하니 이제 안심이 된다.

중국사람들은 시험에서 빵점을 맞거나 경기에서 실패했을 때 '吃鸭蛋'란 말을 한다. '鸭蛋(오리 알)'의 모양이 마치 숫자 '0'과 비슷해서 생긴 말이다. 이처럼 중국사람들은 '알'을 가리키는 글자 '蛋'을 부정적인 뜻으로 쓰는 경우가 많다. 가령 어떤 일이 희망 없이 끝나버린 것을 탄식할 때 '完蛋了'라 말하고, 누군가를 폄하하고 욕할 때 '坏蛋', '混蛋'란 단어를 쓰기도 한다.

○ 完蛋 [wándàn] 망하다, 끝장나다
○ 坏蛋 [huàidàn] 나쁜 놈, 몹쓸 놈 = 混蛋 [húndàn] 나쁜 놈

吃鸭蛋
chīyādàn
시험이나 경기에서 빵점을 맞다

这次考试又吃鸭蛋了！
이번 시험에 또 빵점을 맞았어.

마지막으로 吃는 '~일을 당하다'는 '受'의 의미도 있다. 즉, '吃亏'는 의도치 않은 일로 '손해를 입다'는 뜻이고, '吃苦'는 '수고하다', '고생하다'는 뜻이다. '苦'는 본래 음식의 쓴맛을 나타내지만 비유적으로 인생의 고난과 풍파를 나타내기도 한다. 반면, '吃香'은 맛있는 음식, 향이 좋은 음식을 먹다는 뜻으로, 어떤 사람이나 물건이 사회적으로 크게 환영 받거나 인기를 얻는 것을 비유하는 말이다.

受 [shòu] 받다, 당하다, 입다

吃亏
chīkuī

손해를 보다, 손실을 입다

你吃亏了，不要怪别人。
네가 손해를 봤다고 다른 사람을 탓하지 마라.

吃苦
chīkǔ

고생하다, 수고하다

我们应该发扬吃苦耐劳的精神。
우리는 마땅히 수고를 참고 견디는 정신을 발휘해야 한다.

吃香
chīxiāng

환영 받다, 인기 있다

最近这种款式在市场上很吃香。
요즘 이런 스타일이 시장에서 인기가 좋아요.

5-02.mp3

A 你吃过后悔药吗？

B 什么？你到底在说什么啊？

A 听说吃了后悔药就会得到心理安慰，最近在淘宝很火的。

B 世上哪有那种药呢？

A 反正吃了又不亏，我打算吃一吃试试。

B 你不会吃了那个药之后更后悔吧？

A 너 후회약 먹어본 적 있어?
B 뭐? 도대체 무슨 소리야?
A 후회약을 먹으면 마음의 위로를 얻을 수 있다고 해서 요즘 타오바오(淘宝)에서 인기래.
B 세상에 그런 약이 어디 있니?
A 밑져봐야 본전인데 난 한번 먹어보려고.
B 너 그 약 먹고 더 후회하는 건 아니지?

✓ 淘宝 [táobǎo] 타오바오, 중국 최대 인터넷 쇼핑 사이트

🎧 5-03.mp3

몸과 마음이 깨끗해지려면,

우리나라를 방문하는 중국인 관광객이 많아지자 관광명소와 공공장소에 '化粧室(화장실)' 안내판도 늘기 시작했다. 그런데 정작 안내판을 보는 중국인들의 반응은 어리둥절하다. 중국인이 생각할 때 化粧室은 배우가 공연 전에 분장을 준비하는 '분장실'이란 뜻에 가깝기 때문이다. 우리가 변소를 '화장(化粧)을 하는 곳'이라 돌려 말하듯, 중국어로 화장실은 '손을 깨끗하게 하는 공간'이란 뜻으로 '洗手间' 또는 '卫生间'이라 해야 한다. 또는 가볍게 '厕所'라고도 하는데, 이는 우리말의 변소, 뒷간과 느낌이 비슷하다. 주로 위생 기준이 떨어지거나 시설이 좋지 않은 공중화장실을 가리킬 때 자주 쓰는 말이다.

洗는 우리 생활과 밀접한 관련이 있다. 손을 씻는 것은 중국어로 '洗手'이고, 얼굴을 씻는 것은 '洗脸'라 한다. 그런데 우리말로 '세수(洗手)'는 손뿐 아니라 얼굴을 씻는 것까지 포함한다. 추측하건대, 우리말의 세수(洗手)도 원래는 글자 그대로 손을 씻는 것을 가리켰지만 시간이 지나면서 점차 얼굴을 씻는 행동으로 확장되었을 것이다. 한자가 같다고 해서 우리말과 중국어 어휘가 항상 일치하는 것은 아니다. 우리말 한자어를 그대로 중국어로 바꾸었을 때 의미가 잘못 전달 되거나 오해가 생기는 일이 많으므로 적절한 단어를 선택하도록 주의해야 한다.

洗手 xǐshǒu 손을 씻다

你们饭前应该洗手。
밥 먹기 전에는 당연히 손을 씻어야 한다.

洗脸 xǐliǎn 세수하다

小时候，我每天用冷水洗脸。
어렸을 때, 나는 매일 찬물로 세수를 했다.

洗는 손과 얼굴 이외에도 다른 신체 부위와도 잘 호응한다. 예컨대, 머리를 감는 것은 '洗发' 또는 '洗头'라 하고, 발을 씻는 것은 '洗脚'라 한다. 또 치아를 깨끗하게 하는 것은 '洗牙'라 하는데, 이는 '치석을 제거하다'는 뜻이다. 흔히 洗牙는 치아를 씻는 일이라 양치질을 떠올릴 수 있지만, 양치질은 보통 솔을 사용하기 때문에 '刷牙'라 해야 한다.

刷牙 [shuāyá] 이를 닦다

洗发
xǐfà

머리를 감다 = 洗头

每天早上我先刷牙，然后洗发。
매일 아침 나는 먼저 양치질을 하고 그 다음에 머리를 감는다.

洗脚
xǐjiǎo

발을 씻다

睡觉前用热水洗脚对睡眠有好处。
자기 전에 따뜻한 물로 발을 씻으면 수면에 좋다.

洗牙
xǐyá

치석을 제거하다

为了牙齿健康，我们应该一年洗一次牙。
치아 건강을 위해 우리는 1년에 한번은 스케일링 해야 한다.

洗 동사 뒤에는 신체뿐 아니라 각종 사물이 목적어로 오기도 한다. 예컨대, 그릇이나 냄비를 깨끗하게 씻는 일은 '洗碗'라 하고, 자동차의 먼지를 물로 닦아내는 일은 '洗车', 더러워진 옷을 깨끗하게 빠는 것은 '洗衣服'라고 한다. 우리말은 '옷을 빨다', '그릇을 씻다', '차를 닦다'와 같이 대상에 따라 서술어 표현이 다양하지만, 중국어는 洗 동사 하나로 간단히 해결된다. 洗衣에 관한 표현을 좀더 살펴보면, '洗衣机'는 '세탁기'를 가리키고, '洗衣店'는 '세탁소'이다. 또 '水洗'는 물로 하는 세탁이며, '干洗'는 마른 세탁, 드라이클리닝을 뜻한다.

⊘ 洗衣机 [xǐyījī] 세탁기   ⊘ 洗衣店 [xǐyīdiàn] 세탁소
⊘ 水洗 [shuǐxǐ] 물빨래하다   ⊘ 干洗 [gānxǐ] 드라이클리닝하다

洗衣服
xǐyīfu

옷을 빨다, 세탁하다

🏷 有了洗衣机, 洗衣服就方便多了。

세탁기가 생기고 나서 빨래하는 일이 매우 편해졌다.

洗碗
xǐwǎn

그릇을 씻다, 설거지하다

🏷 我们今天抽签决定谁来洗碗吧!

우리 오늘 제비 뽑기로 누가 설거지할지 결정하자!

洗车
xǐchē

자동차를 닦다, 세차하다

🏷 我爸爸正在洗车。

아버지께서는 지금 세차를 하고 계신다.

洗는 씻는 방법에 따라서도 그 표현이 다양하다. 예컨대, 흐르는 물로 씻는 것은 '冲洗'라 하고, 통에 물을 받아 흔들어 씻는 것은 '漂洗'라 한다. 또 비비거나 주물러 빠는 것은 '揉洗'이며, 솔로 문질러 닦아내는 것은 '刷洗'이다. 물론 洗 한 글자만으로 '씻는다'는 뜻을 충분히 전달할 수도 있지만, 다음의 단어를 사용하면 좀더 구체적이고 정확한 상황을 표현할 수 있다.

冲洗
chōngxǐ

물로 씻어내다

🏷 他用水管冲洗汽车。

그는 호스를 이용하여 물을 뿌려 세차한다.

漂洗
piǎoxǐ

물로 헹구다

这件衣服至少要漂洗3遍以上。
이 옷은 최소 3번 이상 물로 헹궈야 한다.

揉洗
róuxǐ

비벼 빨다, 주물러 빨다

这件衬衫不能揉洗，一定要干洗。
이 블라우스는 비벼 빨면 안되고 반드시 드라이클리닝해야 한다.

刷洗
shuāxǐ

솔로 씻다

这里卫生间的地板需要好好刷洗一番。
여기 화장실 바닥은 솔로 한번 깨끗하게 닦아내야 한다.

물로 씻는다는 것은 더러웠던 것을 깨끗하게 만드는 과정이다. 따라서 洗는 추상적이고 상징적인 뜻으로도 쓴다. 예컨대, 과거의 죄를 씻고 새 삶을 찾는다는 종교적 의식은 '洗礼'라 하고, 잘못을 반성하고 마음을 새롭게 고쳐먹는 것은 '洗心革面'이라 한다. 또 중국사람들은 예부터 먼 길을 다녀온 사람에게 연회를 베풀어 환영하는 것을 '洗尘接风'이라 했다. 이때, 洗尘은 '먼지를 씻다'는 뜻으로 여행 중의 고된 피로를 풀어준다는 의미가 담겨있다.

洗礼
xǐlǐ

세례

上个礼拜天我在教堂接受了洗礼。
지난 주 일요일 나는 교회에서 세례를 받았다.

洗心革面
xǐxīngémiàn

불건전한 생각을 바꾸고 마음을 바르게 고쳐먹다

经过了那件事，他下决心要洗心革面了。
그 일을 겪고 나서, 그는 새로운 사람이 되기로 마음 먹었다.

洗尘
xǐchén

먼지와 피로를 씻어내다,
먼 길을 다녀온 사람을 환영하다

朋友回来了，我们应该替他接风洗尘啊!
친구가 돌아왔는데 마땅히 우리는 그를 환영해야죠!

마지막으로, 중국에는 영어를 의역한 단어가 많다. 그중 洗가 들어간 단어로는 '洗钱', '洗脑'가 있다. 즉, 洗钱는 'laundry of money'를 의역한 말로 불법적 소득을 합법적으로 꾸미는 것, '돈세탁'이란 뜻이고, 洗脑는 'brainwash'의 의역으로 사람들에게 어떤 생각과 사상을 강제적으로 주입시키는 것, 세뇌를 뜻한다.

洗钱
xǐqián

돈세탁하다, 자금 세탁하다

'洗钱'对社会经济发展产生极大的危害。
'돈세탁'은 사회 경제발전에 매우 커다란 해를 발생시켰다.

洗脑
xǐnǎo

세뇌시키다

他们从小时候在政治上就完全被洗脑了。
그들은 어렸을 적부터 정치적으로 완전히 세뇌 당했다.

5-04.mp3

A 你这里脏了。

B 哎呀，这个是我上周才买的衬衫呢！

A 你现在赶紧去洗应该能洗掉的。

B 这附近哪里有卫生间？

A 从这里一直走，然后右转就能看到。

A 당신 여기 얼룩이 묻었어요
B 이런, 이거 지난 주에 산 블라우스인데!
A 지금 빨리 가서 씻으면 아마 지워질 거예요.
B 여기 근처 화장실이 어디 있어요?
A 이쪽으로 쭉 가서 우회전 하면 바로 보일 거예요.

한 끗 차이, 손동작의 어감 익히기

중국어에는 손동작을 나타내는 어휘가 매우 많다. 가령, 엄지손가락과 집게손가락 사이로 물건을 집는 것은 '捏[niē]'이고, 집게손가락과 가운데 손가락 사이에 물건을 끼우는 동작은 '夹[jiā]'이다. 또 손가락 끝으로 대상을 어루만지거나 쓰다듬는 것은 '摸[mō]'이며, 손가락을 이용해서 무엇을 움켜잡거나 할퀴는 동작은 '抓[zhuā]'라고 한다. 사실 이러한 손동작은 우리가 일상생활에서 자주 만드는 동작이지만 실제 회화에서는 잘 이용하지 못하는 경우가 많다. 구체적인 동작일수록 난이도가 높고 초급자에게 어렵게 다가올 수 있기 때문이다. 만약 이러한 동사를 말하는 일이 아직은 벅차고 힘들게 느껴진다면, 다양한 손동작을 아우르는 말 '拿'부터 시작해보자.

중국어는 미세한 말의 어감을 살리기 위해 보어(補語)를 사용한다. 보어란 말 그대로, 동사나 형용사 뒤에서 동작의 상태를 보충 설명하는 말이다. 그러나 보어는 우리말에는 없는 용법이라 중국어를 공부하는 많은 사람들이 낯설고 어렵게 느끼는 부분 중 하나다. 따라서, 보어는 반복적인 연습을 통해 자주 쓰는 구문은 암기할 필요가 있다. 여기서는 '어떤 사물을 손으로 잡거나 쥐다'는 뜻의 동사 '拿'를 통해 방향보어, 가능보어의 구체적인 표현을 살펴보자.

먼저 방향보어는 동사 뒤에 붙어서 동작의 방향을 설명해 주는 말로 크게 '단순방향보어'와 '복합방향보어'가 있다. 단순방향보어는 '来, 去, 上, 下, 进, 出, 回, 过, 起'가 있고, 복합방향보어는 단순방향보어에 '来'나 '去'가 붙은 2음절의 보어다. 어떤 동작이 말하는 사람을 향해 가까워지는 것은 来를 쓰고, 반대로 멀어지는 것은 去를 쓴다고 생각하면 된다. 즉, '拿过来'는 물건을 가지고 말하는 사람 쪽으로 다가오는 것을 가리키지만 '拿过去'는 그 동작이 멀어지는 것을 뜻한다.

拿过来
náguòlái

~을 가지고 오다

▷ 请把菜单拿过来。
메뉴판 좀 가져다 주세요.

拿过去
náguòqù

~을 가지고 가다

▷ 你赶快把这份报告拿过去给他看吧。
빨리 이 보고서를 가지고 가서 그에게 보여주세요.

‘出来’, ‘起来’, ‘下来’ 역시 대표적인 복합방향보어로 일상 속에서 다양하게 활용된다. 出来는 안에서 밖으로의 움직임을 나타내고, 起来는 아래에서 위로의 움직임, 下来는 위에서 아래로의 움직임을 표현한다. 예컨대, 가방 안의 책을 밖으로 꺼내는 것, 지갑 안의 돈을 꺼내는 것, 서랍 안의 문서를 밖으로 꺼내는 행위 모두 안에서 밖으로의 이동이므로 ‘拿出来’라 한다. 또 아래 있던 물건을 위로 들어올리는 동작은 ‘拿起来’, 위에 있던 물건을 아래로 내리는 것은 ‘拿下来’라 한다. 하나의 동사라도 뒤에 어떤 보어가 오느냐에 따라 말의 어감과 뜻이 모두 다른 것을 알 수 있다.

拿出来
náchūlái

꺼내다, 안에서 밖으로 꺼내다

你把那东西拿出来给我看看。

그 물건 좀 꺼내서 나한테 보여 줘.

拿起来
náqǐlái

아래 있던 물건을 위로 들어올리다

请把这个东西拿起来放在桌子上。

이 물건 좀 들어서 책상에 올려주세요.

拿下来
náxiàlái

위에 있던 물건을 아래로 내리다

麻烦您把那个箱子拿下来。

미안하지만 저기 상자 좀 내려 주세요.

동사 '拿'는 가능보어와도 잘 호응한다. 가능보어란 동사와 결과보어 사이, 또는 동사와 방향보어 사이에 구조조사 '得'나 '不'를 넣어서 동작의 가능성, 불가능성을 표현하는 용법이다. 예컨대, 중국어로 어떤 대상을 '손에 넣다'는 '拿到'이다. 이때 '到'는 拿의 결과로서, 拿到 사이에 '得'나 '不'를 넣으면 동작의 가능 또는 불가능을 나타낸다. 즉, '拿得到'는 어떤 대상을 손에 넣을 수 있다는 가능성을 표현한 말이고, '拿不到'는 그럴 수 없음을 나타낸 말이다.

拿到
nádào
손에 넣다, 압수하다

我打算一拿到签证，就要出国。
나는 비자를 받는대로 출국할 생각이다.

拿得到
nádédào
손에 넣을 수 있다, 압수할 수 있다

你一定能拿得到硕士学位。
당신은 반드시 석사 학위를 받을 수 있을 거예요.

拿不到
nábudào
손에 넣을 수 없다, 압수할 수 없다

这个东西放得太高了，我拿不到。
이 물건은 너무 높은 곳에 있어서 내가 손으로 잡을 수가 없어요.

또한 '拿准'은 '어떤 문제에 대해 적절한 방법을 찾다'는 뜻이다. 위와 마찬가지로 拿准 사이에 得나 不를 넣으면 동작의 가능 또는 불가능을 나타낸다. 따라서, 어떤 문제에 대해 올바른 대처 방법을 내놓을 수 있는 것은 '拿得准'라 하고, 그렇게 할 수 없는 것은 '拿不准'이라 한다.

拿准
názhǔn

어떤 문제나 일에 대해서 적절한 방법을 찾다

这件事你可得拿准了。
이 일은 잘 생각하셔야 합니다.

拿得准
nádézhǔn

올바른 대처 방법을 내놓을 수 있다

你拿得准这个问题，不用太担心了。
당신은 이 문제를 잘 해결할 수 있을 테니 너무 걱정하지 마세요.

拿不准
nábuzhǔn

올바른 대처 방법을 내놓을 수 없다

谁也拿不准这个办法什么时候奏效。
이 방법이 언제 효과를 볼 수 있을지 아무도 확신하지 못한다.

또 중국사람들이 자주하는 말 중에 'V+不动'란 표현이 있다. 이것은 가능보어의 또 다른 표현 방식으로, 사람이나 사물 등을 이동시킬 힘이 부족한 것을 나타낸다. 예를 들어, 拿와 '不动'이 만나면 책상이나 가구 등 어떤 물건이 너무 무거워서 들 수가 없다는 뜻이다. 이와 같은 맥락으로 몸이 너무 힘들어서 걸을 기운이 없는 것은 '走不动'이라 하고, 숨이 차서 더는 달릴 힘이 없는 것은 '跑不动', 비교적 크고 무거운 짐을 옮길 수 없는 것은 '搬不动'이라 한다.

⊘ 走不动 [zǒubúdòng] (힘이 들어) 걸을 기운이 없다
⊘ 跑不动 [pǎobúdòng] (숨이 차서) 달릴 기운이 없다
⊘ 搬不动 [bānbúdòng] (너무 무거워서) 옮길 수 없다

무거워서 들 수가 없다

那个背包太重，我拿不动。
그 배낭은 너무 무거워서 내가 들 수가 없어요.

拿는 돈이나 권력을 얻거나, 어떤 기술에 정통하고 숙달한 것을 가리키기도 한다. 무엇인가 내 손 안에 잡아 쥐었다는 말은 곧 내 의지대로 움직일 수 있다는 뜻이기 때문이다. 따라서 매달 급여를 받는 것은 '拿工资', 권력을 잡는 것은 '拿权'이라 한다. 또 가장 자신 있게 만들 수 있는 요리는 '拿手菜'이고, 가장 뛰어난 장기나 재능은 '拿手好戏'라 한다.

월급을 받다

小王，你这个月拿到工资了吗？
샤오왕, 너 이번 달에 월급 받았니?

권력을 잡다

现政权真正拿权的人就是他。
현 정권에서 진정으로 권력을 잡고 있는 자는 바로 그 사람이다.

가장 자신 있게 할 수 있는 요리

他今天给我做了几个拿手菜。
그는 오늘 내게 가장 잘하는 요리 몇 가지를 해 주었다.

拿手好戏
náshǒuxì **가장 잘 하는 주특기, 장기**

唱歌是他的拿手好戏。
노래 부르기는 그의 주특기이다.

한편, 拿는 한자의 뜻과 상관없이 외국어의 음만 빌려온 경우도 있다. '拿铁'는 우유에 커피를 섞은 'latte'에서 온 말이고, '加拿大'는 'Canada'의 발음을 중국식으로 바꾼 말이다. 또 '桑拿'는 핀란드어 'sauna'의 음역으로 중국사람들은 사우나 안에 있는 것처럼 푹푹 찌고 후텁지근한 여름 날씨를 가리켜 '桑拿天'라 한다.

拿铁
nátiě **카페라떼**

我要一杯冰拿铁。
아이스 카페라떼 한잔만 주세요.

加拿大
Jiānádà **캐나다**

在加拿大英语和法语都是通用的。
캐나다에서는 영어와 불어가 모두 통용된다.

桑拿天
sāngnátiān **습하고 무더운 날씨**

这几天一直有桑拿天，明天会下雨的。
며칠 무더운 날씨가 지속되더니 내일 비가 올 것 같다.

마지막으로, '拿架子'는 실속은 하나 없으면서 겉으로만 있는 척, 아는 척, 잘난 척하는 사람을 가리키고, '拿主意'는 여러 가지 방법 중에서 가장 좋은 것을 선택하는 것을 말한다. 이때 '主意'는 의견, 생각, 아이디어 등을 가리키는 말로 어떤 체계화된 이론이나 학설을 가리키는 단어 '主义'와 다르다.

⊘ 主义 [zhǔyì] 주의, 체계화된 제도 또는 학설

拿架子
nájiàzi

잘난 척하다, 허세부리다

他最近怎么这么拿架子，难道是突然发财了吗？
그 사람 요즘 왜 이렇게 잘난척이야, 혹시 갑자기 큰 돈이라도 번 거야?

拿主意
názhǔyi

좋은 방법을 결정하다

这些事情应该你自己拿主意了。
이런 일들은 마땅히 당신 스스로 결정해야 한다.

A 丽丽，你还在宿舍吗？

B 嗯，我正要准备出去呢，怎么了？

A 你来学校的时候能帮我拿一下雨伞吗？
今天可能会下雨。

B 知道了，我去图书馆的时候顺便拿过去吧。

A 谢了，那我们一会儿见吧!

A 리리, 아직 기숙사에 있니?
B 응, 이제 막 나가려던 참인데. 왜 그런데?
A 학교 올 때 내 우산 좀 가져다 줄래? 오늘 아마도 비가 올 것 같아.
B 알겠어. 도서관 가는 길에 가져다 줄게.
A 고마워, 그럼 이따 보자!

04

🎧 5-07.mp3

대화를 시작하는 기술,

중국어로 말을 해야 하는데 눈앞이 깜깜할 때가 있다. 혹시 내가 하는 말이 어법에 틀린 것은 아닌지, 쓰고 있는 어휘가 적당한 것인지 고민이 되기도 한다. 하지만 쓸데없는 걱정은 자신감만 떨어뜨릴 뿐 언어향상에 전혀 도움이 되지 않는다. 정작 중국인들은 일상생활에서 어려운 말과 복잡한 문법을 쓰지 않는다. 몇 가지 자주 쓰는 표현은 따로 정리하여 익혀놓고, 상황에 따라 적절히 사용해 보는 것도 외국어를 효율적으로 공부하는 한 가지 방법인 것 같다. 다음은 중국어 핵심 동사인 '说'와 관련하여, 실제 대화 속에서 간단하고 유용하게 쓸 수 있는 다양한 표현들을 정리해 보았다.

'听说'와 '据说'는 다른 사람의 말을 전해 들었을 때 쓸 수 있는 말이다. 두 단어는 '듣자하니 ~하더라'와 같이 사전적으로 뜻이 비슷하지만 어감상 약간의 차이가 있다. 먼저, 听说는 어떤 이야기를 누군가에게 전해 들은 것을 강조한 말로 사건의 진위 여부가 확실하지 않다. 반면, 据说는 좀더 근거가 명확하여 신뢰할 수 사실을 들었을 때 쓴다. 따라서 据说는 听说에 비해 좀더 객관적인 사실을 전달하며 구어체 보다는 문어체에서 쓰는 경우가 많다.

听说
tīngshuō
듣자 하니, 전해지는 바로는

听说，你下个月要结婚？
당신 다음달에 결혼 한다면서요?

据说
jùshuō
들리는 바에 의하면

据说，这次圣诞节会下雨。
이번 성탄절에는 눈이 올 거래요.

다음은 구체적인 예시를 나열하는 방법이다. 적절한 예시는 듣는 사람의 이해를 돕고 이야깃거리를 풍성하게 한다.

比如说
bǐrúshuō
예컨대

比如说，手机给我们生活带来了很大方便。
예를 들어, 핸드폰은 우리 생활에 큰 편리함을 가져다 주었다

比方说
bǐfāngshuō

예를 들어, 이를테면

比方说，英国的交通费很贵。

예를 들면 영국은 교통비가 매우 비싸다.

때로는 한 사람의 말보다 여러 사람의 말이 설득력이 높을 때가 있다. 사람들은 같은 말이라도 한 사람의 생각보다 여러 사람의 말을 좀더 신뢰하고 공감하는 경향이 있기 때문이다. 즉, '一般来说', '常言说'는 많은 사람들이 인정하는 어떤 상식과 관습 등을 설명할 때 유용한 표현이다. 또 '俗话说'는 오랫동안 전해 내려오는 옛 속담이나, 유래, 전설 등을 인용할 때 자주 쓰는 말이다.

一般来说
yìbānláishuō

일반적으로 말해서

一般来说，价格越贵质量就越好。

일반적으로 가격이 비쌀수록 품질도 좋다.

常言说
chángyánshuō

흔히 말하길

常言说，不怕慢，只怕站。

흔히 말하길, 느린 것을 걱정하지 말고 중도에 멈추는 것을 걱정하라 한다.

俗话说
súhuàshuō

속담에서 말하길, 속담에 의하면

俗话说，说曹操曹操就到。

속담에 의하면, 호랑이도 제 말하면 온다고 한다.

'随便(마음대로)', '慢点儿(천천히)', '差不多(그런대로)' 등은 중국에서 자주 듣는 대표적인 '口头禅'이다. 口头禅이란 몸에 배어버린 말투, 입버릇을 뜻한다. 그러나 아무 생각 없이 너무 자주 쓰게 되면 단어의 본 뜻을 상실하는 경우가 많다. 대표적으로 '솔직히 말해서', '사실은 말이야'의 뜻을 가지고 있는 '老实说', '说实话', '说心里话', '不瞒你说'가 그렇다. 특히 우리나라 사람들이 대화를 시작하기 전에 많이 쓰는 말이 아닐까 싶다. 사람을 솔직하고 진실하게 대하는 것은 좋은 일이지만, 이것이 너무 말버릇이 되어 습관적으로 남발하면 오히려 신뢰를 떨어뜨릴 수 있는 점도 생각해 볼 일이다.

⊘ 口头禅 [kǒutóuchán] 말버릇, 입버릇

老实说
lǎoshishuō
솔직히 말해서

◇ 老实说，我不太喜欢她。
솔직히 말해서, 난 그 여자를 별로 좋아하지 않는다.

说实话
shuōshíhuà
사실을 말하자면

◇ 说实话，我觉得这个菜不怎么样。
솔직히 말해서, 이 음식은 별로인 것 같아.

说心里话
shuōxīnlihuà
솔직히 말해서

◇ 说心里话，我并不同意他的看法。
솔직히 말해서, 난 그 사람의 의견에 결코 동의하지 않는다.

不瞒你说   솔직히 말해서, 사실은
bùmánnǐshuō

🏷 **不瞒你说**,我越来越对这个事情产生怀疑。
솔직히 말해서, 나는 이 일에 대해 점점 의심이 생긴다.

어느 정도 중국어 소통이 가능하다면 긴 문장으로 논리 있는 주장을 펼쳐야 할 때가 있다. 주장만 있고 타당한 근거가 없다면 설득력이 떨어지기 때문이다. '再说', '也就是说', '具体说'는 앞 문장에 대해 추가 설명을 덧붙이는 표현이다.

再说   게다가, 더구나, 다시 말하자면
zàishuō

🏷 我现在不想出去了，**再说**，我身体也不怎么舒服。
나는 지금 나가고 싶지 않은데요, 그러니까 몸이 별로 좋지 않아요.

也就是说   다시 말하면, 즉
jiùshìshuō

🏷 我们约好三天后去旅行，**也就是说**，这周五那天出发。
우리는 3일 뒤 여행을 가기로 약속했다, 다시 말하자면, 이번 주 금요일 출발이다.

具体说   구체적으로 말하면,
jùtǐshuō

🏷 **具体说**，多听多说多写是提高语言水平的方法。
구체적으로 말하자면, 많이 듣고, 많이 말하고, 많이 쓰는 것이 언어를 향상시키는 방법이다.

마지막으로 '不管怎么说'는 앞의 조건이 어떻던 간에 그 결과나 사실이 변함이 없음을 나타내고, '反过来说'는 앞의 내용과 반대의 생각을 표현할 때 쓴다. 또, '换句话说'는 먼저 한 말을 또 다른 말로 바꿔 말하는 방법이고, '对我来说' 어떤 상황에 대해 내 입장을 말할 때 쓰는 표현이다. 모두 실제 중국사람들과의 대화 속에서 자주 쓸 수 있는 매우 유용한 표현이다.

不管怎么说   어쨌든, 하여간
bùguǎnzěnmeshuō

不管怎么说，我就是不同意你的意见。
어쨌든, 나는 네 의견에 동의하지 않아.

反过来说   뒤집어 말하면
fǎnguòláishuō

反过来说，他这么做也有对的地方。
뒤집어 말하면, 그가 이렇게 하는 것도 맞는 부분이 있다.

换句话说   바꿔 말하자면
huànjùhuàshuō

换句话说，这是一件一举两得的事。
바꿔 말하자면, 이것은 꿩 먹고 알 먹는 격이다.

对我来说   나에게 있어, 내 입장에서 말하자면
duìwǒláishuō

对我来说，这是很重要的照片。
이것은 나에게 매우 중요한 사진이다.

🎧 5-08.mp3

A 听说，最新上映的电影很有意思。你看过那个电影吗？

B 嗯, 看过了，但说实话，没有我想的有意思。

A 是吗？具体说哪个方面？

B 我不知道导演到底想说什么，而且说心里话，我觉得主角的演技也不怎么好。

A 듣자 하니, 이번에 새로 나온 영화 재미있다던데, 너 그 영화 봤어?
B 응, 봤어. 근데 솔직히 생각보다 재미없었어.
A 그래? 구체적으로 어떤 부분이?
B 감독이 무슨 말을 하려는 건지 대체 알 수가 없겠더라.
　게다가 솔직히 말해서, 주인공 연기도 별로였던 것 같아.

작지만 큰 차이, 做 와 作

'做'와 '作'는 일상에서 매우 자주 쓰는 동사다. 두 글자는 '~을 만들다', '제작하다'는 기본 뜻이 비슷하고, 발음까지 같아서 잘못쓰는 경우가 흔하다. 심지어 중국사람들 조차 혼동하는 경우가 있을 정도다. 그러나 '做'와 '作'는 출발점부터 다르다. 作는 은나라 갑골문에서 발견됐을 정도로 역사가 깊지만 做는 송나라 이후에야 사용되었다. 세월이 지나면서 作안에 점점 다양한 뜻을 담게 되자 다른 글자를 만들어 뜻을 구분할 필요가 생긴 것이다. 이때 做가 作의 뜻을 일부 대신하게 되었고, 그 과정에서 '做'와 '作'는 뜻과 용법이 겹치는 경우가 생겼다. 그러나 현대로 오면서 점점 두 단어를 구분하게 되었으며 그 차이 또한 명확해지고 있다. 그렇다면 현대 중국어에서 두 글자를 어떻게 구분하고, 그 차이는 어떻게 설명하는지 살펴보자.

做와 作의 가장 큰 차이는 호응하는 단어다. 먼저, 做 뒤에는 구체적인 명사가 목적어로 오는 경우가 많다. 예컨대, '做事', '做作业', '做手术', '做家务'는 모두 做뒤에 '事(일)', '手术(수술)', '作业(숙제)', '家务(집안일)' 와 같이 어떤 구체적 행동이나 일을 나타내는 명사가 목적어로 왔음을 알 수 있다.

做事 일을 하다
zuòshì

他做事总是有点粗心。
그는 일 처리가 항상 꼼꼼하지 못하다.

做作业 숙제를 하다
zuòzuòyè

一直玩到现在，我还没做数学作业。
지금껏 노느라고 나는 아직 수학 숙제를 하지 못했다.

做手术 수술하다
zuòshǒushù

你只要做手术，一定很快恢复健康。
당신은 수술만 하면 분명 빠르게 건강을 회복할 거예요.

做家务 집안일을 하다
zuòjiāwù

我们夫妻俩一起做家务。
우리 부부는 집안일을 같이 한다.

　반면, '作'는 또 다른 동사와 병렬관계를 이룬 형태가 많다. 예를 들어 '作用', '作別', '作息', '作弄'와 같은 단어는 作뒤에 '~을 사용하다'는 '用', '~와 이별하다'는 '別', '휴식하고 멈추다'라는 '息',' ~을 하다'는 '弄' 등의 동사와 호응하였다. 이 경우, 作는 做와 달리 비교적 추상적이고 막연한 상황을 나타낸다.

作用
zuòyòng

작용하다, 영향을 미치다

感冒药吃了一个小时以后才起作用。
감기약은 먹은 지 한 시간이 지나야 효과가 있다.

作別
zuòbié

작별하다, 이별하다

那个孩子向朋友挥手作别。
그 아이는 친구에게 손을 흔들며 작별인사를 했다.

作息
zuòxī

일하고 휴식하다

他们每天的作息很有规律。
그들은 매일 일하고 휴식하는 것이 규칙적이다.

作弄
zuōnòng

우롱하다, 조롱하다, 놀리다

你怎么天天作弄他呢？
넌 왜 맨날 그 사람을 놀리는 거니?

　　두 번째 차이로, 做는 회화적 색채가 강하지만 作는 문어적인 느낌이 강하다. 예컨대, 자기가 놓은 덫에 자기가 걸리는 자업자득은 '自作自受'라 하며, 고생 속에서 즐거움을 찾는 것은 '苦中作乐'이다. 또 장래가 유망하여 어떤 재능을 충분히 발휘할 수 있는 것은 '大有作为'이고, 옛 전쟁에서 북소리로 사기를 진작시키듯 어떤 일을 단숨에 해 치우는 것은 '一鼓作气'라 한다.

自作自受
zìzuòzìshòu

자업자득이다, 제가 놓은 덫에 제가 걸리다

这是自作自受，你不必可怜。
이것은 자업자득이니 당신은 동정할 필요 없습니다.

苦中作乐
kǔzhōngzuòlè

고생 속에서 즐거움을 찾다

我们要学会苦中作乐。
우리는 고생 속에서 즐거움을 찾는 것을 배워야 한다.

大有作为
dàyǒuzuòwéi

충분히 힘을 발휘할 여지가 있다

你将来一定会大有作为。
너는 장래에 반드시 큰 인물이 될 것이다.

一鼓作气
yìgǔzuòqì

처음의 기세로 끝장내다

我们都一鼓作气，很快就把那件事情办完了。
우리는 모두 처음의 기세로 빠르게 그 일을 끝냈다.

물론, 그렇다고 做와 作의 문법적 차이를 칼로 무 자르듯 명확하게 구분할 수 있는 것은 아니다. 가령, '小题大做', '白日做梦'은 문어적 느낌이 강한 사자성어지만 여기서는 作가 아닌 做를 쓴다. 현대 중국 언어학자들이 做와 作의 주요 단어를 비교해보았을 때 대체적으로 발견되는 특징이 그러하다는 것이지 언제나 예외는 있을 수 있다.

小题大做
xiǎotídàzuò

작은 제목으로 큰 문장을 만들다, 사소한 일로 요란하게 굴다

你干吗总是小题大做呢?
너는 왜 항상 작은 일로 요란하게 구니?

白日做梦
báirìzuòmèng

실현 불가능한 헛된 공상을 하다

这就是现实，所以你别再白日做梦了!
이게 바로 현실이에요, 그러니깐 다시는 헛된 꿈은 꾸지 마세요!

또한, 무에서 유를 창조하는 작업, 예술창작으로 얻어지는 제작물은 做보다 作를 쓴다. 따라서 글이나 그림 등 예술작품을 창작해 내는 사람은 '作家'라 하며, 그것을 만들어내는 행위는 '创作'라 한다. 또 수 많은 작품 가운데 특별히 훌륭한 작품은 '杰作' 또는 '巨作'라 한다.

作家
zuòjiā

작가

你觉得中国最有名的文学作家是谁?
너는 중국에서 가장 유명한 문학 작가가 누구라고 생각하니?

创作
chuàngzuò

창작하다

这是我创作这首歌的动机。
이것이 내가 이 노래를 만들게 된 동기이다.

杰作
jiézuò

걸작, 매우 훌륭한 작품

他一生留下了很多杰作。
그는 일생 동안 많은 걸작을 남겼다

巨作
jùzuò

거작, 대작

这部小说是反映朝鲜战争的巨作。
이 소설은 한국전쟁을 반영한 대작이다.

세 번째 특징으로 做는 각종 보어와 호응할 수 있지만 作는 그럴 수 없다. 예컨대, 중국어로 어떤 일을 완성했다는 의미를 전달할 때, '做好', '做到', '做完'라고는 하지만 '作好', '作到', '作完'라고 말하지 않는다. 이때, 做好는 일이 비교적 만족스럽게 끝난 것을 좀더 강조하는 표현이고, 做到와 做完은 단순히 일을 마무리하다, 끝내다는 뜻이다.

做好
zuòhǎo

어떤 일을 잘 완성하다

明早之前我必须把这件事做好。
내일 아침까지 나는 반드시 이 일을 마쳐야 한다.

做到
zuòdào

어떤 일을 이루다, 해내다

说到一定要做到。

말한 것은 반드시 해야 한다.

做完
zuòwán

어떤 일을 마무리하다

今天下班之前，我们一定要把这个工作做完。

오늘 퇴근 전까지 우리는 이 일을 꼭 마무리해야 합니다.

마지막으로 어떤 일을 처리한 상태가 좋거나 좋지 않음을 나타낼 때는 '做得好' 또는 '做得不好'라 하며, 어떤 일을 할 수 있거나 할 수 없음을 말할 때는 '做得了', '做不了'라고 한다. 이처럼 做는 결과보어, 정도보어, 가능보어 등 각종 보어와 호응할 수 있지만 作는 그럴 수 없다.

做得不好 [zuòdé bùhǎo] ～을 잘 못하다 (作得不好 ✕)
做得了 [zuòdéliǎo] ～을 할 수 있다 (作得了 ✕)

做得好
zuòdéhǎo

～을 잘하다

不管让他做什么事情，他都能做得很好。

그에게 어떤 일을 시켜도, 그는 일을 매우 잘 한다.

做不了
zuòbuliǎo

～을 할 수 없다

对不起，这件事我做不了。

미안해요, 이 일은 내가 할 수 없어요.

A 王老师的作业你写完了吗？

B 还没有呢，我最近开始做兼职都没有时间去写作业。

A 这周前就要上交了，你能赶得上吗？

B 嗯，熬夜也要做完啊。

A 왕 선생님 숙제 다 했어?
B 아직 못했어. 요즘 아르바이트 시작해서 숙제할 시간이 없었어.
A 이번 주까지 제출인데 날짜 안에 할 수 있겠어?
B 응, 밤을 새서라도 끝내야지.

06

눈 위에 손을 올리고 보는 것,

看은 손(手)과 눈(目)이 만난 글자로 어떤 사물을 보기 위해 이마에 손을 얹고 있는 모습을 나타낸다. 중국어로 '~을 보다'는 단어는 看이외도, 目, 望, 视, 相, 见 등 다양하다. 그중, 见은 看과 함께 일상에서 자주 쓰는 중국어 핵심 동사 중 하나다. 두 단어는 우리말로 모두 '보다'는 뜻을 담고 있어서 혼동하기 쉽지만 중국에서 둘은 쓰임이 다르다. 먼저, 看은 주체적인 의지를 가지고 한 방향으로 보는 동작이다. 예컨대, 看书(책을 보다), 看电影(영화를 보다), 看球赛(축구 경기를 보다)는 주어가 어떤 필요에 의해 일방적으로 보는 동작이지만 见은 그렇지 않다. 见은 상호간에 함께 보는 동작으로 두 사람이 함께 얼굴을 마주하는 것은 '见面'이라 하지 看面이라 말하지 않는다.

看은 대상을 '어떻게' 보는지에 따라 구체적이고 다양하게 말할 수 있다. 예컨대, '细看'은 어떤 대상을 자세히 관찰하여 살피는 것이고, '查看'은 어떤 상태를 조사하거나 검사하기 위해 면밀히 살펴보는 것이다. 즉, 查看 안에는 '검사하다'는 뜻의 '检查'의 의미가 담겨 있다. 반면, 어떤 대상을 자세히 보지 않고 대충 훑어보는 것은 '粗看'이라 하고, 가볍게 보거나 경멸하는 것은 '轻看'이라 한다.

⊘ 检查 [jiǎnchá] 검사하다

细看 xìkàn — 자세히 보다

◇ 这本书我还没细看呢，只是大概翻了翻。
나는 아직 이 책을 자세히 보지는 못했고 대충 뒤적여 보았다.

查看 chákàn — 살펴보다, 조사하다

◇ 上级来查看我们的工作进度。
상사가 우리 업무 진도를 살피러 왔다.

粗看 cūkàn — 대충보다, 간단히 보다

◇ 由于时间紧急，我只能粗看一下这个材料。
시간이 긴박해서, 이 자료를 간단히 볼 수 밖에 없었다.

轻看 qīngkàn — 가볍게 보다, 얕보다 = 看不起

◇ 虽然你经验丰富，但也不能轻看这个工作。
비록 당신이 경험이 풍부하지만, 이 일을 가볍에 보아서는 안됩니다.

보기 좋은 것은 '好看'이고, 보기 싫은 것은 '难看'이라 한다. 가령, 옷이나 신발 등 어떤 물건의 디자인이 내 마음에 꼭 들어 만족하는 것, 소설이나 영화의 내용이 재미있는 것, 사람의 외모가 아름답고 예쁜 것은 모두 好看이다. 반면, 어떤 물건이 마음에 들지 않거나, 내용이 지루하고 재미없는 것, 사람의 표정이나 안색이 좋지 않은 것은 难看이라 한다.

好看
hǎokàn
보기 좋다, 예쁘다, 아름답다

你穿什么衣服都很好看。
넌 어떤 옷을 입어도 다 예쁘다.

难看
nánkàn
보기 싫다, 못생기다

我写汉字真是难看死了。
나는 한자를 정말 보기 싫게 쓴다.

또 '可'는 가능, 허가, 동의를 나타내는 글자로, '可+동사' 형식은 '가치가 있다', '~을 할 만하다'는 표현이다. 예컨대, '靠'는 '기대다, 의지하다'는 뜻으로 '可靠'는 어떤 대상을 믿을 만하다는 뜻이고, '可爱'는 어떤 대상을 사랑할 만하다, 귀엽다는 뜻이다. 또 '可口'는 어떤 음식이 먹을 만하여 맛있다는 뜻이며, '可看'은 어떤 경치나 풍경이 볼 만하고, 아름답다는 뜻이다.

- 可靠 [kěkào] 믿을 만하다, 확실하다
- 可爱 [kě'ài] 귀엽다, 사랑스럽다
- 可听 [kětīng] 들을 만하다
- 可口 [kěkǒu] 맛있다

可看
kěkàn

형) 볼 만하다 = 可观

📎 这里实在没有什么可看的。
여기는 정말 볼 것이 하나 없네요.

看은 중국어 핵심 동사로 각종 보어와 잘 호응한다. 즉, 무엇인가 보고 이해하는 것은 '看懂'이고, 어떤 소리를 듣고 이해하는 것은 '听懂'이라고 한다. 이때, '懂'은 알다, 이해하다는 뜻으로 看과 听의 결과보어로 쓰였다. 만약, 동작의 가능과 불가능을 표현하고자 한다면 看懂, 听懂 사이에 得나 不를 넣으면 된다. 따라서 '看得懂'은 보아서 이해가 가능한 것이고 '看不懂' 보아서 이해가 불가능하다는 뜻이다. 마찬가지로 들어서 이해가 가능한 것은 '听得懂'이고, 들어서 이해할 수 없음을 말할 때는 '听不懂'이라 하면 된다.

- ⊘ 听懂 [tīngdǒng] 들어서 이해하다
- ⊘ 听得懂 [tīngdedǒng] 들어서 이해할 수 있다
- ⊘ 听不懂 [tīngbudǒng] 들어서 이해할 수 없다

看懂
kàndǒng

봐서 이해하다

📎 你现在能看懂中国的电视剧吗?
당신은 지금 중국 드라마를 보면 이해가 됩니까?

看得懂
kàndedǒng

봐서 이해할 수 있다

📎 这本书很容易，谁都能看得懂。
이 책은 매우 쉬워서 누가 봐도 이해할 수 있습니다.

看不懂
kànbudǒng　　봐서 이해하지 못한다

◇ 这本书内容太复杂，我怎么看也看不懂。
이 책은 내용이 너무 복잡해서 어떻게 읽어도 잘 이해가 안 되네요.

또, '看错'는 어떤 대상을 보았지만 제대로 보지 못한 것이다. 여기서 '错'는 어떤 동작을 행한 뒤 잘못된 결과가 생긴 것을 나타낸다. 이 밖에, '听错'는 잘못 들은 것, '说错'는 잘못 말한 것, '走错'는 잘못된 길에 들어서는 것을 뜻하는 말이다.

◎ 听错 [tīngcuò] 잘못 듣다　　　　◎ 说错 [shuōcuò] 잘못 말하다
◎ 走错 [zǒucuò] 잘못 가다

看错
kàncuò　　잘못 보다

◇ 哦，不好意思，我看错人了。
오, 미안합니다. 사람을 잘못 봤습니다.

起来가 동사 뒤에 쓰이면 추측이나 평가의 뜻을 담기도 한다. 예컨대 '看起来'는 '보아하니 아마도 ~인 것 같다'는 뜻이고, '听起来'는 '들어보니 ~인 것 같다'는 뜻이다. 반면에, 出来는 '알아채다, 눈치채다' 등 식별의 의미도 담고 있다. 따라서 '看出来'는 어떤 대상을 보고 알아채는 것는 뜻하고, '听出来'는 어떤 소리를 들어서 알아채는 것을 뜻한다.

◎ 听起来 [tīngqǐlái] 들어보니 ~인 것 같다
◎ 听出来 [tīngchūlái] 들어서 알아채다

看起来
kànqǐlái

보아하니, 보기에

看起来会议好像不会马上结束。
보아하니 회의가 아마도 바로 끝나지 않을 것 같다.

看出来
kànchūlái

알아채다, 눈치채다

小心点，不要让别人**看出来**。
조심해, 다른 사람이 알아채지 못하도록 말야.

看은 어떤 대상을 '살피다, 보호하다'는 뜻도 있다. 예컨대, '照看'은 노인이나 어린 아이와 같은 약자를 돌보고 보살피는 것을 뜻하고, '看望'은 멀리서 친지나 어른을 방문하여 찾아 뵙는 것을 뜻한다. 또, '看病'은 본래 '병을 보다'는 뜻이지만, 의사가 환자를 진찰 하는 것과 환자가 의사의 진찰을 받다는 두 가지 뜻을 모두 담고 있다.

照看
zhàokàn

돌보아주다, 보살펴주다

孩子有人**照看**，你不要担心了。
아이 돌봐줄 사람 있으니 걱정하지 마세요.

看望
kànwàng

방문하다, 문안하다, 찾아 뵙다

他现在还是每周一次去老家**看望**父母。
그는 지금도 여전히 매주 한번씩 부모님을 찾아 뵈러 고향에 간다.

看病 kànbìng　병을 보다, 의사가 진료하다

医生正在给患者看病。
의사는 환자를 진찰하고 있다.

看은 다른 동사 뒤에 쓰여서 그 행동을 시험 삼아 한번 해보다는 뜻도
있다. 이때, 看앞의 동사는 대개 중첩형으로 쓰여 '试试看', '尝尝看',
'想想看'와 같이 쓴다. 또 개인의 생각이나 의견은 '看法' 또는 '想法'라
한다. 看法는 눈으로 직접 보고 생각하고 판단한다는 점에서 想法보다
좀더 객관적이고 근거 있는 의견이나 주장을 뜻한다.

- 尝尝看 [chángchángkàn] 한번 맛을 보다
- 想想看 [xiǎngxiǎngkàn] 한번 생각해 보다
- 想法 [xiǎngfǎ] 생각, 의견

试试看 shìshikan　시험 삼아 한번 해보다

要是你喜欢这件衣服，先试试看吧。
이 옷이 당신 마음에 들면 일단 한번 입어보세요.

看法 kànfǎ　견해, 부정적 의견

你对环境问题还有别的看法吗？
당신은 환경문제에 대해 또 다른 생각이 있습니까?

🎧 5-12.mp3

A 欢迎光临，你有什么需要的？

B 听说，这家店的衣服挺漂亮。我先随便看看，
有需要再叫您。

A 好的，你慢慢看吧。如果有喜欢的，
可以试试看。

A 어서 오세요. 뭐 찾는 거 있으세요?

B 여기 옷이 예쁘다고 하길래요. 그냥 좀 구경할게요.
필요한 거 있으면 말씀 드릴게요.

A 네. 천천히 보시고 마음에 드는 거 있으면 입어보셔도 됩니다.

둘이 하나가 된 글자,

1956년, 發와 髮는 하나의 글자 '发'가 되었다. 중국 정부가 '한자 간화 방안'을 내놓으며, 대량의 상용한자를 간체화 시킨 것이다. 그러나 중국사람들은 여전히 發와 髮를 구분하여 사용한다. 중국어는 단어마다 성조가 있어 소리의 높낮이로 뜻을 전달할 수 있기 때문이다. 즉, 發는 1성 발음인 [fā]로 읽어 '발생하다, 건네주다'란 뜻이고, 髮은 4성 발음인 [fà]로 읽으면 '머리카락'이란 뜻이다. 간체자 도입 이후, 중국의 문맹률은 크게 감소했지만 한편으론 복잡한 한자를 간단히 줄이면서 한자 고유의 예술성과 문화적 의미도 함께 잃었다는 비판의 목소리가 크다. 发 역시 그 중의 하나다. 여기서는 發와 髮의 뜻과 다양한 용법에 관해 자세히 살펴보려 한다.

'发(發)'는 손(又)에 화살(弓)을 들고 화살을 쏘기 직전의 모습을 나타낸 글자다. 본래 '활을 쏘다', '발사하다'는 뜻을 가진 '发'는 시간이 흐르면서 다양한 뜻으로 파생되었다. 먼저, 发는 '새로운 것이 생기다'는 '发生'의 의미가 있다. 즉, 发는 이전에는 없던 새로운 사물이나 현상이 출현한다는 뜻으로 '发明'과 '发现' 등의 단어가 있다. 또 '发掘'는 땅속에 묻혀있는 유물이나 지하자원을 찾아내는 활동으로, 세상에 알려지지 않은 뛰어난 인재를 발굴한다는 뜻도 있다.

发生
fāshēng

생기다, 발생하다

从现在开始，情况逐渐发生变化了。
이제부터 상황이 조금씩 변하기 시작했다.

发明
fāmíng

발명하다

需要是发明的母亲。
필요는 발명의 어머니이다.

发现
fāxiàn

발견하다, 알아차리다

我在旧书店偶然发现了这本书。
나는 오래된 서점에서 우연히 이 책을 발견했다.

发掘
fājué

발굴하다, 새로운 인재를 찾다

就在这个地区发掘出了古代文物。
바로 이 지역에서 고대 유물이 발견됐다.

发는 사람의 마음, 감정 상태를 나타내기도 한다. 예컨대, '发火'는 사람의 마음이 불같이 뜨거워진 상태로 몹시 화가 난 것을 가리키고, '发抖'는 날씨가 춥거나 마음이 긴장하여 몸이 부들부들 떨리는 상태를 나타낸다. 또 덥거나 공기가 잘 통하지 않아서 답답한 마음이 드는 것은 '发闷'이며, 어떤 어려움에 처했는데 적절한 해결 방법을 찾지 못해 걱정하고 근심하는 것은 '发愁'라 한다.

发火
fāhuǒ

화를 내다 = 发脾气

他常常为一点小事发火。
그는 조그만 일에도 자주 화를 낸다.

发抖
fādǒu

춥거나 긴장하여 부들부들 떨다

他好像很紧张，声音有点发抖。
그는 긴장한 것처럼 목소리가 조금 떨린다.

发闷
fāmēn

답답하다

我现在心里有点发闷、恶心。
나는 지금 가슴이 좀 답답하고 메스껍다.

发愁
fāchóu

걱정하다, 근심하다

别太发愁了，一切都会好的。
너무 걱정하지 말아요, 다 잘 될 거예요.

　중국사람들은 질병의 발생이나 정상적이지 않은 몸의 상태를 표현할 때도 发 동사를 쓴다. 예컨대, 감기 같은 질병에 걸려 몸에서 열이 나는 것은 '发热' 또는 '发烧'라 하고, 몸에 염증이 생기는 것은 '发炎'이라 한다. 또 손이나 발 등이 저리거나 감각을 잃고 마비되는 것은 '发麻'라 하고, 몸에 가려운 증상이 생기는 것은 '发痒'이라 한다.

发烧 fāshāo

열이나다 = 发热

你什么时候开始发烧的？
언제부터 열이 나기 시작했습니까?

发炎 fāyán

염증이 나다

伤口要马上消毒，要不然会发炎的。
상처는 바로 소독해야 해요, 그렇지 않으면 염증이 생길 수 있어요.

发麻 fāmá

감각이 무뎌지다, 저리다
마비되다

最近我经常感到手脚发麻。
요즘 나는 항상 손발이 저린 느낌이 든다.

发痒 fāyǎng

가렵다,
근질근질 하다

虫子咬过的地方开始发痒了。
벌레 문 자리가 가렵기 시작한다.

활을 쏘기 위해서는 반드시 활을 당겨 동력을 만들어야 한다. 동력이란 무엇인가를 발전시키고 밀고 나가게 하는 힘이므로 发는 어떤 행동을 '시작하다'는 뜻도 있다. 따라서, 자동차나 기계가 움직일 수 있도록 시동을 거는 것은 '发动'이라 하며, 어떤 일을 새롭게 제의하거나 개시하는 것은 '发起'라 한다. 또 마음과 힘을 다하여 다시 일어나 분발하는 것은 '发奋'이라 한다.

发动
fādòng
시동을 걸다,
발발시키다

要完成这项任务，必须发动大家一起干。
이 임무를 완성시키기 위해서는 반드시 모두가 함께 해야 한다.

发起
fāqǐ
어떤 일을 발기하다, 제안하다
전쟁이나 공격을 개시하다

他们似乎已经发起了攻击。
그들은 이미 공격을 개시한 거나 다름없다.

发奋
fāfèn
분발하다

老师的表扬让我更加发奋。
선생님의 칭찬은 나를 더욱 분발하게 하였다.

发는 작은 것에서 큰 것으로의 확대, 변화와 발전을 의미하기도 한다. 그중, '发展'과 '发达'은 우리도 일상에서 흔히 쓰는 한자어로 发展은 현재 발전하고 성장하고 있는 과정을 나타내고, 发达는 어떤 기술이나 문명이 이미 상당히 발달해 있는 상태를 뜻한다. '발전'과 '발달'은 우리말로는 큰 차이가 없어 보이지만 중국사람들은 두 단어를 구분하여 사용한다. 예컨대, 중국어로 개발도상국은 '发展中国家', 선진국은 '发达国家'라 한다.

发展
fāzhǎn
발전하다, 확대하다

现在科技发展的速度很快。
지금 과학기술 발전이 매우 빠르다.

发达
fādá
발달시키다

那个城市的交通很发达。
그 도시의 교통은 매우 발달되어 있다.

이 밖에, 큰 돈을 벌어 부자가 되는 것은 '发财'이고, 개인의 풍격이나 장점, 국가의 전통이나 미풍양속 등을 널리 퍼뜨리고 발전시키는 것은 '发扬'이라 한다.

发财
fācái
큰 돈을 벌다, 부자가 되다

现在发财了，还是很节俭。
그는 큰 돈을 벌었지만 여전히 매우 검소하다.

发扬
fāyáng
(긍정적인 가치를) 널리 퍼뜨리고 발전시키다

我们应该充分发扬自力更生的精神。
우리는 마땅히 자력갱생의 정신을 발휘해야 한다.

마지막으로 发는 이메일, 문자, 우편물 등을 발송하다, 부치다는 뜻이 있다. 메일을 보내는 것은 '发邮件', 문자를 보내는 것은 '发短信', 우편이나 상품 따위의 물건을 발송하는 것은 '发货'라 한다.

发邮件
fāyóujiàn
메일을 보내다

如果有问题随时可以给我发邮件。
문제가 있으면 언제든지 저에게 메일을 보내세요.

发短信
fāduǎnxìn
문자를 보내다

发短信的话，我会尽快回复您。
문자 보내주시면 가능한 빨리 답변해 드리겠습니다.

发货
fāhuò
물건을 발송하다

可以立即发货吗？
바로 발송 되나요?

한편, 发를 4성으로 읽게 되면 '머리카락'이라는 뜻이다. 이때 发는 '터럭 발(髮)'의 간체자로 앞서 언급한 '필 발(發)'과는 전혀 다른 글자다. 머리카락과 관련하여 일상에서 자주 쓰는 단어로는 '洗发', '剪发', '烫发', '染发' 등이 있다. 또, '머리를 묶다'는 뜻의 '结发'는 남녀가 결혼하여 정식으로 어른이 된 것을 비유적으로 표현한 말이다. 예전에는 결혼을 하면 여자든 남자든 머리를 묶어 위로 올렸던 것에서 유래한 말이다.

洗发 [xǐfà] 머리를 감다

剪发
jiǎnfà

머리를 깎다

只是稍微剪了一下发，看起来完全是不同的人。
머리만 약간 자른 건데 완전 다른 사람처럼 보인다.

烫发
tàngfà

파마하다

我去烫一次发，两个小时是基本的。
나는 파마를 하러 가면, 두 시간은 기본이다.

染发
rǎnfà

머리를 염색하다

染发和烫发一起做的话，会造成头发伤害
염색과 파마를 동시에 하면 머리결이 상할 수 있다.

结发
jiéfà

상투를 틀다,
남녀가 정식으로 부부가 되다, 어른이 되다

他们俩都到了结发的年龄。
저 두 사람은 모두 머리 얹을 나이가 되었다.

A 你觉得中国是发展中国家还是发达国家？

B 中国幅员辽阔，地理环境复杂，不能简单用一句话来概括。

A 中国现在是跟美国 G2国家，那不就是发达国家吗？

B 像北京，上海等的大城市发展很快，
但是西部地区还是没有那么发展。
我觉得中国是发展和发达共存的国家。

A 중국은 선진국일까 아니면 개발도상국일까?

B 중국이 국토 면적이 넓고, 지역마다 복잡해서 한마디로 말하기 어려운 것 같아.

A 중국이 지금 미국과 함께 G2 국가인데 그럼 선진국이 아닐까?

B 상하이나 베이징 같은 대도시는 현재 빠르게 발전하고 있지만,
　서부 지역은 아직 그렇게 발전하지는 않았어.
　내 생각에 중국은 발전과 발달이 공존하는 국가인 것 같아.

⊘ 幅员辽阔 국토 면적이 넓다

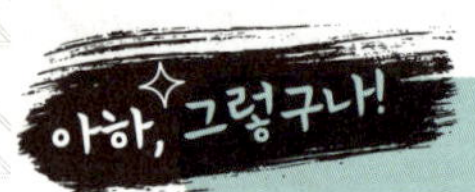

반의어로 보는 단어

矛盾
máodùn
모순, 갈등
矛 창 + 盾 방패 = 矛盾

夫妻
fūqī
부부
夫 남편 + 妻 아내 = 夫妻

东西
dōngxi
물건
东 동 + 西 서 = 东西

先后
xiānhòu
선후, 잇달아, 연이어
先 전 + 后 후 = 先后

彼此
bǐcǐ
피차, 서로 간에
彼 저것 + 此 이것 = 彼此

买卖
mǎimài
매매, 장사하다
买 사다 + 卖 팔다 = 买卖

开关
kāiguān
스위치, 전원
开 열다 + 关 닫다 = 开关

反正
fǎnzhèng
반정, 어쨌든
反 거꾸로 + 正 바른 = 反正

始终
shǐzhōng
시종, 처음과 끝
始 처음 + 终 끝 = 始终

早晚
mǎimài
조만간, 언젠가는
早 아침 + 晚 저녁 = 早晚

呼吸
hūxī
호흡하다
呼 숨을 내쉬다 + 吸 숨을 들이마시다 = 呼吸

利害
lìhài
이해, 이익과 손해
利 이익 + 害 손해 = 利害

好坏
hǎohuài
옳고 그름
好 옳다 + 坏 나쁘다 = 好坏

往返
wǎngfǎn
왕복하다, 오가다
往 ~쪽으로 향하다 +
返 돌아오다 = 往返

公私
gōngsī
공과 사
公 공적인 + 私 개인적인
= 公私

动静
dòngjing
동정, 낌새, 인기척
动 움직이다 +
静 조용하다 = 动静

深浅
shēnqiǎn
깊이, 심도
深 깊다 + 浅 얕다 = 深浅

真假
zhēnjiǎ
(사물의) 진짜와 가짜
真 진실로, 참으로 +
假 거짓의, 가짜의 = 真假

长短
chángduǎn
길이
长 길다 + 短 짧다 = 长短

昼夜
zhòuyè
주야, 낮과 밤
昼 낮 + 夜 밤 = 昼夜

大小
dàxiǎo
대소, 크기
大 크다 + 小 작다

吉凶
Jíxiōng
길흉, 운이 좋고 나쁨
吉 길하다, 행복하다 +
凶 불길하다, 흉하다 = 吉凶

多少
duōshǎo
얼마
多 많다 + 少 적다

优劣
yōuliè
우열, 나음과 못함
优 우수하다 + 劣 열등하다
= 优劣

存亡
cúnwáng
존망
存 생존 + 亡 죽음 = 存亡

阴阳
yīnyáng
음양
阴 음 + 阳 양 = 阴阳

浓淡
nóngdàn
농담
浓 짙음 + 淡 옅음 = 浓淡

盛衰
shèngshuāi
성쇠
盛 번성하다 + 衰 쇠퇴하다
= 盛衰

胜败
shèngbài
승패, 승부
胜 이기다 + 败 실패하다
= 胜败

纵横
zònghéng
종횡
纵 가로 + 衡 세로 = 纵横

文武
wénwǔ
문무
文 학문 + 武 무예 = 文武

聚散
jùsàn
집산
聚 모이다 + 散 흩어지다
= 聚散

远近
yuǎnjìn
원근
远 멀다 + 近 가깝다
= 远近

里外
lǐwài
안과 밖
里 안 + 外 밖 = 里外